U0935836

# 检察业务管理指导与参考

JIANCHA YEWU GUANLI
ZHIDAO YU CANKAO

最高人民检察院案件管理办公室 / 编

2024年

第5辑

（总第29辑）

中国检察出版社

**图书在版编目（CIP）数据**

检察业务管理指导与参考．2024年．第5辑：总第29辑／最高人民检察院案件管理办公室编．—北京：中国检察出版社，2024.12.—ISBN 978－7－5102－3153－7

Ⅰ．D926.3－55

中国国家版本馆CIP数据核字第2024P3U949号

**检察业务管理指导与参考（2024年第5辑）**

最高人民检察院案件管理办公室　编

---

**责任编辑**：史世琦
**技术编辑**：王英英
**美术编辑**：徐嘉武

---

**出版发行**：中国检察出版社
**社　　址**：北京市石景山区香山南路109号（100144）
**网　　址**：中国检察出版社（www.zgjccbs.com）
**编辑电话**：（010）86423736
**发行电话**：（010）86423726　86423727　86423728
（010）86423730　86423732
**经　　销**：新华书店
**印　　刷**：唐山玺诚印务有限公司
**开　　本**：710 mm×960 mm　16开
**印　　张**：11.75　插页8
**字　　数**：150千字
**版　　次**：2024年12月第一版　　2024年12月第一次印刷
**书　　号**：ISBN 978－7－5102－3153－7
**定　　价**：40.00元

---

# 《检察业务管理指导与参考》编委会

江西省人民检察院精心谋划、提早部署，通过应试辅导、专题培训、实战演练等多种方式，帮助选手提升竞赛水平。2024 年 5 月，江莹、胡静 2 名同志荣获“第三届全国检察机关案件管理业务能手”称号。

2024 年 5 月 17 日，江西省人民检察院案件管理部联合省纪委省监委案件监督管理室、省法院审判管理办公室、省公安厅法制总队党支部开展“学党纪、讲规矩、谈管理”主题党日活动，引导党员干部增强党纪意识，筑牢自律防线、担起岗位之责。

2024 年 11 月 11 日，江西省人民检察院召开检委会会议，传达学习最高人民检察院童建明副检察长关于检察管理的最新讲话精神，全面贯彻落实“一取消三不再”、一体抓好“三个管理”要求，引导全省树立和践行正确政绩观，切实把主要精力放到法律监督的主责主业、履职办案的本职本源、高质效办案的价值追求上来，推动高质效办好每一个案件落到实处。

2024年12月30日，江西省人民检察院召开检委会会议，专题学习《最高检对陕西省西安市、西安市莲湖区人民检察院数据质量检查情况的通报》，对全省数据质量情况进行全面分析，引导全省进一步增强检察业务数据质量意识、强化检察管理、压实检察业务数据质量责任，切实把“有质量的数量”和“有数量的质量”统筹在更加注重质量上。

江西省人民检察院案件管理部创新“内部监管＋外部监督”方式，针对争议性大、专业性强的质量评查案件，通过召开检察听证、跨部门检察官联席会议，邀请人民监督员、法学专家等参与，充分听取各方意见，合力推动问题解决，有效提升评查工作质效。

江西省人民检察院案件管理部开展案管窗口便民服务质量提升活动，落实办事流程处长“大体验”要求，构建“现场阅卷＋互联网阅卷＋异地阅卷”多元化阅卷模式，部署应用律师身份核验平台，定期开展检律互督互评，研发运用案件信息云告知系统，真正让人民群众感受到办事之简、服务之优。

江西省宜春市人民检察院综合业务部认真贯彻落实最高检《关于深化新时代检察对口援助工作的若干措施》，持续深入开展结对帮扶工作，选派业务骨干与受援地区检察干警联合开展业务质效分析研判，助力提升检察业务管理工作质效。

# 前　言

2019年3月，《检察业务管理指导与参考》创刊，如一株破土而出的幼苗，根植于“四大检察”全面协调充分发展的“沃土”，伴随案管工作实践，在全国案管人的重视与呵护下茁壮成长，不断结出引领检察业务管理助推检察业务高质量发展的累累硕果。

《检察业务管理指导与参考》作为检察业务管理理论与实务研究的专门期刊，始终秉持的宗旨是，深化理论研究以指导工作，推介实务经验以供借鉴参考，理论与实务紧密结合，促进全国案件管理工作深入开展，为“四大检察”发展贡献案管力量。

我们致力于把《检察业务管理指导与参考》打造成案件管理理论创新的基地。深入学习贯彻习近平法治思想，革除不合时宜的观念理念，打破体制机制的制度性障碍，聚焦案件管理的基础理论、重大课题和制约案件管理创新发展的“瓶颈”问题，与时俱进创新案件管理理论，引领不断发展的案件管理工作实践。

我们致力于把《检察业务管理指导与参考》打造成实务经验交流的载体。鼓励实务探索，倡导凝练总结，将“三大监督”“四大服务”“管好管理”的生动实践，融入理性思考和理论升华，通过《检察业务管理指导与参考》这个平台晒出来、辩起来、推广开来，促进交流碰撞和思想解放，从而始终保持案件管理机制改革创新的源头活水，助推案件管理工作整体提升。

我们致力于把《检察业务管理指导与参考》打造成开阔案件管

理眼界的窗口。跳出检察业务管理的拘囿，加强中外司法管理的比较研究，汲取其他执法司法机关的业务管理理论成果，借鉴社会治理、现代企业管理的成功实践和创新理论，引导案管人打开眼界，拓宽视野，以“他山之石”，成案件管理之功。

《检察业务管理指导与参考》是案管人自己的刊物，记载着案管人的奋斗与追求、激情和汗水，更将描绘出案件管理工作的希望与梦想、今天与明天。案件管理理论研究，案管人使命在肩，责无旁贷。各地案件管理部门和广大案管人，既要重视、支持和参与撰稿投稿、编审征订工作，也要学好用好这个刊物，为案件管理工作助力、赋能。

理论启智心灵，实践创造非凡。让我们一起为案件管理工作铺一条光明的路，开满希望的花，结出丰硕的果。

# 目　录

## 领导论坛



## 理论前沿



## 业务研究

## 地方专栏 · 江西



## 检察文苑

# 领导论坛

LINGDAO LUNTAN

**编者按：**2024 年 6 月，最高人民检察院案件管理办公室党支部赴解放军仪仗司礼大队，开展“学仪仗司礼精神 铸案管工作品格”主题党日活动。活动座谈期间，案件管理办公室党支部书记、主任申国军在讲话中提出检察案管人工作品格，即“担当、实干、创新、规范”。特刊发申国军主任讲话全文，供全体检察案管人学习践行。

# 学仪仗司礼精神　铸案管工作品格

## ——最高人民检察院案件管理办公室党支部书记、主任申国军在主题党日活动座谈会上的讲话（摘编）

目　次



2024 年 6 月，最高检案管办和解放军军事检察院案管部门、中部战区军事检察院案管部门一起走进解放军仪仗司礼大队的军营，共同组织“学仪仗司礼精神　铸案管工作品格”主题党日活动，大家都很振奋、震撼，也很有感触。

解放军仪仗司礼大队，俗称“三军仪仗队”。我们平时经常在新闻媒体上、在视频里看到他们的风采。对于我们来说，这支队伍还是充满神秘色彩的。这次，我们有幸走进军营，近距离感受他们的风采，看到了仪仗队官兵威严形象背后的艰辛付出，了解了三军仪仗队 72 年间的风雨历程。可以说，这次活动在形式上是一次主题党日活动，但更多的是一次精神上的洗礼、党性上的升华。

我想用三个词表达对此次主题党日活动的感想、感受：一是壮国威。如果说人民解放军是一部厚重的历史大书，那么三军仪仗队就是这部大书的精美扉页，而在这张扉页上镌刻着我们共和国的风采、中华民族的风采、中国人民解放军的风采。参观时，在全体起立奏响国歌的那一刻，我感到热血沸腾、使命召唤、神圣庄严。三军仪仗队曾受到多国政要的高度赞誉，美国总统尼克松曾称赞它“是世界上最出色的仪仗队”，英国女王伊丽莎白二世评价“举世无双”……三军仪仗队身上背负着人民的期待、军队的荣誉、民族的尊严，当然最重要的就是国家的威严。现场观看外国领导人访华时，东门外广场迎宾的阅兵式和分列式，令人心潮澎湃、骄傲自豪。可以说，三军仪仗队凛然不可侵犯的威仪姿态、风采，是我们国家日益强大最生动的体现。二是求极致。三军仪仗队求极致的精神、一丝不苟的细节给我们留下了深刻的印象：“五个一流”，一流的政治品质、一流的工作标准、一流的军事动作、一流的外在形象、一流的精神状态；站军姿，走正步，要做到百米不差分毫，百步不差分秒；但印象更深的是视频中战士训练时高举的军旗上挂着的砖头、抛军旗时手上的哑铃、踢正步时小腿上绑的沙袋。如果不是这样求极致的训练，就无法在炎炎烈日和凛冽寒风中，纹丝不动地站立 3 个小时以上。如果要求是一百，我们要做到三百，这就是求极致。三是树精神。三军仪仗队是一支作风一流的队伍，正因为作风一流才能够树立强军精神。哪里有什么岁月静好、哪里有应该的和平，那是他们在替我们负重前行。这背后不但有官兵的血泪和付出，更有一种巨大的精神力量、精神支撑，那就是，三军仪仗队的精神谱系：铁心向党的如磐信念、铁肩担当的胜战硬功、铁骨铮铮的顽强意志、铁血荣光的极致追求。短短的 4 句 36 个字，是 72 年来几代仪仗官兵，用每一步踢出来的，用每一天的军姿站出来的，用每一次重大活动零失误展示出来的。我们到军营中来，绝不是简单的参观，更不是游玩，而是来学习这种精神的，将这种精神浸入血脉骨髓。

如何将这种精神转换成案管人的工作品格，是“学仪仗司礼精神 铸案管工作品格”主题党日活动的意义所在。军人以精神作为三军仪仗队的“魂”，凝聚在一起，这支队伍必将无往而不胜。案件管理部门也是一个集体、一个团队，案管人要靠什么团结在一起、凝聚在一起，使案管工作在新时代踔厉奋发、不辱使命，发挥最大的整体优势？那就是树立我们的精神，或者更准确地说，铸造我们的工作品格。通过打造特有的、统一的案件管理工作品格，凝心、固本、铸魂，筑牢共同意志，凝聚强大力量，以高质效的案件管理，助力高质效的案件办理，服务保障检察工作现代化。在此前，我们赴仙人洞村、航天科技集团第一研究院开展党日活动时，我曾分别提出把“担当、实干”“创新、规范”作为案管人的工作品格。在三军仪仗队精神的鼓舞下，此次正式全面提出检察案管人的工作品格——担当、实干、创新、规范。

## 一、 担当是肩负使命责任的必然要求

### （一）为什么要担当？

要从四个层面来解读“担当”。第一个层面，“担当”是传承中华民族精神谱系的必然要求。中华民族的精神是什么？上古神话故事如大禹治水、精卫填海、后羿射日、愚公移山、夸父逐日、女娲补天等，无不演绎出中华民族不屈从于命运、自强不息的精神。鲁迅说过：“自古以来，就有埋头苦干的人，有拼命硬干的人，有为民请命的人，有舍身求法的人……这就是中国的脊梁。”每到中华民族危难时刻，总有一批先进的中国人挺身而出，做民族的脊梁。

天行健，君子以自强不息。中华民族精神就是自强不息。这种精神让中华民族薪火相传、生生不息；这种民族精神推动中华民族从站起来、富起来，到强起来。进入新时代新发展阶段，建设中国式现代化、实现中华民族伟大复兴的接力棒，历史性地传到了我们这一代人的手上，我们责无旁贷地要把民族的使命和责任担起来，把民族精神传承下去。

第二个层面，“担当”是践行共产党人初心使命的必然要求。作为共产党人，党徽不仅要戴在衣服上，更要戴在心上。中国共产党人的初心使命就是为中国人民谋幸福，为中华民族谋复兴。我们党诞生于浙江嘉兴南湖的一叶扁舟上，从只有 13 个人成长为拥有 9500 多万名党员的世界第一大执政党。回首中国的近现代史，是中国共产党带领中华民族走出亡国灭种的边缘，建立中华人民共和国，中华民族的面貌发生了翻天覆地的历史性转变。一代又一代、一批又一批共产党人前仆后继，才有了今天的中国。所以说，每一名党员要积极践行我党的初心使命，担负起新时代使命任务。

第三个层面，“担当”是立足检察工作职责定位的必然要求。检察机关的职责定位是国家的法律监督机关。要切实发挥法律监督的职能作用，就需要每一位检察人把工作职责承担起来。尤其是，最高检新一届党组提出，要高质效办好每一个案件，努力做到办案质量、效率与公平正义有机统一，确保在实体上实现公平正义，在程序上让公平正义更好更快实现，在效果上让人民群众可感受、能感受、感受到公平正义。担当，才能高质效办好每一个案件；担当，才能实现公平正义。

第四个层面，“担当”是推动案管工作长远发展的必然要求。有案件办理就必然有案件管理，越重视案件办理就越要强调案件管理。案件办理与案件管理犹如“车之两轮”“鸟之双翼”。作为案管人，一定要抓住历史契机。今年，最高检印发了《最高人民检察院关于加快推进新时代检察业务管理现代化的意见》，明确提出各级人民检察院要着力构建以检察长和检察委员会宏观管理为统领、办案部门自我管理为基础、案件管理部门专门管理为枢纽、相关部门协同管理为保障的全方位、立体化检察业务管理组织体系，赋予了案件管理部门枢纽的职能定位。最高检案管办制定了《检察机关案件管理部门贯彻落实〈最高人民检察院关于加快推进新时代检察业务管理现代化的意见〉的实施意见》，提出了案件管理工作的总体要求，即一个定位、两项职责、三个理念、四化建设、五个体系、六大能力。作为案管人，履行好职责，当然需要担当起来。

（二）如何担当？

一是树立担当的理念意识。树立“功成不必在我、功成必定有我”的理念意识。二是把工作任务担当起来。敢于担当是一种优秀品质。当一级领导就要担负起一级的责任，干一个岗位就要履行好这个岗位的职责。三是把困难问题担当起来。要敢于担当、善于担当、乐于担当。有困难、有问题，就克服困难、解决问题。困难越大、问题越多，我们克服解决得越好，越能显示我们的担当和能力。四是把案管的未来和检察的未来担当起来。工作不能只考虑当前，还要着眼长远。“不谋万世者，不足谋一时；不谋全局者，不足谋一域。”我们既要打好每一个小战术，也要考虑全局战略；既要低头拉车，更要抬头看路。这才是真正将案管事业的未来发展、检察事业的未来发展担当起来。

## 二、 实干是案管人能够担当的唯一出路

习近平总书记说：“面向未来，全面建成小康社会要靠实干，基本实现现代化要靠实干，实现中华民族伟大复兴要靠实干。”任何工作、任何成绩都是干出来的，不是想出来的，也不是说出来

的。担当的落脚点是实干，没有实干，担当就是口号。那么如何实干？就要察实情、出实招、见实效，真抓实干，埋头苦干，下苦功夫、下硬功夫、下真功夫。

第一，要察实情。现代战争是信息化战争，知己知彼才能百战不殆。对于案管工作来说，察实情就是要了解检察的实情、案管的实情，每个处要了解处内的职责、处内人员的情况，要了解工作的现状和未来的发展，总结好的经验做法、发现存在的问题、提出解决问题的建议对策。

第二，要出实招。察实情就是为了出实招，要有实实在在的招数。一要抓工作重点。首先抓领导关注的工作，领导关注的工作就要放在第一位。二要抓工作难点。工作中的困难要想办法解决。三要抓规律点。规律点就是未来发展的点，理论研究、数字化建设就是规律点。四要借外力、借“外脑”。要想领导之所想，更要想领导之未想，强调执行力、强调创造力，要在执行中深入领会工作部署的本意，将工作做到极致。

第三，要见实效。出实招最终要见实效。一要重视过程但更要强调结果。过程很重要，但结果更重要。辛勤的付出没有收获就是无用功。要树立目标导向，以是否实现目标作为检验工作有无实效的唯一标准。实践是检验真理的唯一标准，一项工作是否达到目标就是检验工作成效的唯一标准。二要对比计划与计划的完成情况。年初设定的工作计划，每月的计划，都要对账完成。三要将处内的工作努力干成办内的重点工作、院内的重点工作，甚至全国的工作。比如，专题分析报告对中国法治进程起了作用，那就不再是处内的工作，而会影响政策的制定。四要正确认识功劳和苦劳的关系。我们经常说没有功劳还有苦劳，但关键是把工作干好。工作干不好，加班熬夜没有意义，有功劳才有军功章。

## 三、 创新是案管未来健康发展的不竭动力

《大学》有言:“苟日新、日日新、又日新。”创新是一个民族进步的灵魂,是一个国家兴旺发达的不竭动力。2023 年 9 月,习近平总书记到黑龙江考察调研时首次提出新质生产力。党的二十届三中全会重点研究进一步全面深化改革、推进中国式现代化问题。要着力打通束缚新质生产力发展的堵点、卡点,要破除一切不适应新质生产力发展的生产关系。在这样的改革背景下,我们要有一叶知秋的意识,要有改革创新的意识。案管部门本身就是制度创新的产物,必须有创新的意识。担当要靠实干来检验,实干的一个重要方面就是要通过创新来实现。不能因循守旧、刻舟求剑、拘泥于过去,必须以创新的方法推动落实创新的要求,才能跟上时代的步伐,不辜负最高检党组对我们的期许。

在未来,案件管理创新要从以下五个方面积极探索:

第一,理念创新是案管工作创新发展的牵引。要构建理论研究组织体系。依托中国法学会检察学研究会案件管理专业委员会、检察案件管理研究基地两个平台,推动形成领导带头、全员参与、内外结合的理论研究工作格局。要明确理论研究的重点和方式就是案件管理的基础性、前瞻性、重点性课题和问题。通过这些研究,推动形成教材、专著、论文、课题、连续出版物并行的理论研究成果矩阵,构建有中国特色的检察案件管理理论体系。

第二,工作内容创新是案管创新发展的根本。要把内容创新作为全面履职不留空白的一个根本方法。要扎实推进律师异地阅卷试点、流程监控实质化试点、案件质量评查全覆盖试点、人民监督员工作信息双向反馈机制试点、检察机关终结性决定案件听证试点 5 个试点工作,有思路、有方法、有举措、有实效,适时在全国推广。还要深入推进检察业务数据专题分析,建立综合分析与专项分

析并重的分析研判格局，以更广阔的视角、更深入的分析，服务好领导科学决策，这也将成为案管部门的“新质生产力”。

第三，工作机制创新是案管创新发展的支撑。建立完善案件管理履职“一体化”机制。比如，流程监控中发现的问题和经验要与质量评查相衔接，质量评查工作要与检务督察工作相衔接，数据监管要与流程监控、质量评查相衔接，等等。各处、各条线不能各自为政，而要协调融合发展，实现“纵向指导有力，横向协作紧密”，上对下要有指导、评价，横向之间要有协作、配合。构建四级院案管部门职能各有侧重的工作机制，明确四级院的工作重点。进一步完善案件管理考核评价机制，抓好案管部门的自我管理。还要继续完善跨地域工作支持机制，加强援疆、援藏、援助兵团、援助云南扶贫点，以及军地共建工作。

第四，工作制度创新是案管创新发展的保障。在宏观制度的框架下，加强中观和微观的操作指引的研究与制定。要落实数据检查制度，建立常态化开展业务数据日常审核、检查督查制度；要继续完善人才队伍培养制度，建立实战演练制度、用好各级各类人才库、发挥标兵能手的示范引领作用；要建立工作督办制度，建立工作台账制度、跟进督导落实制度和主动向上汇报制度；要建立岗位职责档案制度，建立职责档案、文件档案，形成影像档案。

第五，工作方法创新是案管创新发展的关键。要用好信息化、数字化和智能化管理这个方法。这是当前最重要的工作方法，所有日常性、重复性的工作首先要考虑能不能用信息化、数字化、智能化的方法实现。要用好“抓点带面，抓两头带中间”这个传统工作方法。“抓点带面”就是抓工作重点带工作全局；“抓两头带中间”就是鞭打快牛和推动后进，带动中间，实现全面发展。要用好“立足监督做好服务，在服务中监督”这个案管部门特有的工作方法。监督是案管工作的目的，服务保障也是为了更好地监督，就是要通过做好服务保障工作强化案管工作的监督职责。要以服务宏观管理贯穿微观监管、以服务司法办案实现监管的双赢共赢。还要注重相互学习借鉴推动形成案管部门工作合力。

## 四、 规范是约束引导创新的根本保证

其身正，不令而行；其身不正，虽令不从。正人者，要先自正。作为案件管理部门，首先要做到规范。创新更要规范，创新绝不是打破现有推倒重来，更不是蛮干。创新的方向就是高质效办好每一个案件，每创新一步规范就要跟进一步。创新不是挑战现有的规则而是建立和完善规则。正如一条大河滚滚向前，纵向是河流的方向，就是创新的方向；横向是堤坝，也就是规范，没有堤坝的规范，创新这条河流就会变成洪水猛兽。首先，创新一定要明确方向。案管创新的方向就是提高案件的质量、效率和效果，一旦偏离这个方向，创新就需要去纠正。方向只要准确，步子迈得多大也不为过，要敢想敢干，不要怕错。其次，创新要有边界。创新不是挑战现有规则，是对不完善的规则进行完善，每一步创新都需要规范跟进，就像河流每前进一米，堤坝就要修一米一样。案管要遵循的规范就是法律法规和最高检的各项规章制度。案管创新在规范中有序稳健推进的同时，案管规范也在创新中不断修订完善，案管工作才能真正实现高质量发展。最后，创新要有源头和底线。为了党的事业，为了人民的期盼，为了检察职责的履行，这是我们的源头活水，也是我们不能突破的底线，所有的创新都要守住初心、守住底线。

在此正式提出案管人担当、实干、创新、规范的工作品格是第一步，落下去才更关键。下一步，要把案管工作品格的凝聚和锤炼作为促进案管工作发展的动力，真正实现案件管理既往前走、更往上走，实现跨越式发展。新时代、新征程，以案件管理工作的跨越式发展促进高质效办好每一个案件！

# 理论前沿

LILUN QIANYAN

# 检察业务高质效管理的路径探索与未来展望

王体功*

## 目 次



---

* 王体功，山东省滨州市人民检察院党组书记、检察长。

### （三）协同管理的运行机制更加融合化、多元化

党的二十大报告强调，高质量发展是全面建设社会主义现代化国家的首要任务。新时代，人民群众对民主、法治、公平、正义、安全、环境等方面提出了更高更新的要求和期待。应勇检察长要求，要坚持以习近平法治思想为指引，坚持“高质效办好每一个案件”，努力实现办案质量、效率与公平正义的有机统一。检察业务高质效管理要求主动适应工作大局，自觉主动地开展管理，实现案件质量、效率、效果有机统一于公平正义。

梳理案件管理的发展，大体经历分散化管理和专门化管理两个阶段。2024 年 1 月，最高检印发《关于加快推进新时代检察业务管理现代化的意见》（以下简称《意见》），就是聚焦“高质效办好每一个案件”，从检察业务管理的角度，促进检察工作在程序上更加规范、在结果上更加准确、在效果上更加优良，以“高质效管好每一案件”助推“高质效办好每一个案件”。①《意见》对检察业务管理工作进行统筹谋划和顶层设计，提出检察业务管理理念、体系、机制和能力现代化的要求，标志着案件管理由专门化管理进入体系化管理阶段。随着人工智能的发展，大语言模型进入检察领域，必将推动案件管理进入数智化时代。应勇检察长在全国检察长会议上提出，检察业务管理要围绕履职办案，更好融入司法责任制，以高水平管理促进高质效办案，以高水平管理促进检察权更加规范高效运行，打造更多更高质量的“检察产品”。

---

① 申国军：《以业务管理现代化促进高质效办好每一个案件——科学理解最高人民检察院〈关于加快推进新时代检察业务管理现代化的意见〉》，载《人民检察》2024 年第 8 期。

## 一、检察业务高质效管理的重要意义

增强司法公信力和人民群众对公平正义的获得感。习近平总书记指出，“如果人民群众通过司法程序不能保证自己的合法权利，那司法就没有公信力，人民群众也不会相信司法”。[①] 这一重要论述，蕴含着对实体公正、程序公正、社会公正的深刻思考。进入新时代新发展阶段，人民群众对民主、法治、公平、正义、安全、环境的要求更高，司法办案工作必须顺应人民群众更高的司法需求，努力让司法程序更公正、更高效。检察机关要深刻认识案连民心民意、案涉执政根基，检察业务管理必须坚持以人民为中心的发展思想，通过高质效业务管理促进健全办案机制，牵引检察业务整体向前，推动公平正义更好更快实现，确保检察工作始终服务于人民的根本利益，让人民群众在每一个案件中感受到公平正义。

为人民群众提供更优质的检察产品。检察机关办理的每一件案件都是让人民群众检验的检察产品。习近平总书记指出：“执法司法中万分之一的失误，对当事人就是百分之百的伤害。”应勇检察长指出，“高质效办好每一个案件”，重在“高质效”，难在“每一个”，基础和着力点也在“每一个”。[②] 高质效管理突出对个案办理的全过程监管，强化“每案必检”机制，杜绝“问题案件”产生，促进检察办案在程序上更加规范、在结果上更加准确、在效果上更加优良，以“高质效管好每一个案件”助推“高质效办好每一个案件”。

促进检察工作更加公正、高效、权威。检察工作现代化是当前

① 习近平：《全力推进法治中国建设——关于全面依法治国》，载中共中央宣传部编著：《习近平总书记系列重要讲话读本》，学习出版社、人民出版社 2016 年版，第 94 页。

② 参见巩宸宇：《胸怀“国之大者”聚焦法律监督　以法治力量保障党中央决策部署落地落实》，载《检察日报》2024 年 3 月 29 日第 1 版。

和今后一个时期检察工作的中心任务。检察业务管理是中国特色社会主义检察制度的重要组成部分，高质效业务管理是强化对检察权运行制约监督，全面准确落实司法责任制，推动检察权公正、规范、高效、廉洁运行的重要保障机制，是检察工作现代化的应有之义。要切实把加强检察业务管理作为全院、全员的共同责任，把检察业务管理贯穿案件办理的全过程、各环节，实现更高层次的社会公平正义。

## 二、 检察业务高质效管理的改革要求

高质效管理是检察业务管理现代化的目标和要求，是衡量检察业务管理效率和效果的实践标准。《意见》明确了检察业务管理的指导思想、组织体系和职责体系。其中，组织体系方面，明确以检察长和检察委员会宏观管理为统领、办案部门自我管理为基础、案件管理部门专门管理为枢纽、相关部门协同管理为保障的全方位、立体化检察业务管理组织体系。①《检察机关案件管理部门贯彻落实〈最高人民检察院关于加快推进新时代检察业务管理现代化的意见〉的实施意见》进一步指出，案件管理部门是检察业务管理的专门机构，贯通上下左右、有效联系各方，承担综合协调、统筹管理、监督落实的职责，位于检察业务管理体系的枢纽地位。

坚持宏观管理与个案管理并重。检察业务管理既要管宏观方向也要管个案具体。抓宏观管理，就是要通过对一个地区、一个条线业务数据的分析研判，发现检察业务运行的整体性、趋势性、苗头性问题，有针对性地提出前瞻性解决意见和措施，促进法律监督质效的整体提升。抓个案管理，主要是办案部门和案件管理部门对个

---

① 申国军：《以业务管理现代化促进高质效办好每一个案件——科学理解最高人民检察院〈关于加快推进新时代检察业务管理现代化的意见〉》，载《人民检察》2024 年第 8 期。

案全过程的质效监管，包括数据质量、程序实体、效率效果等情况，发现和纠正具体案件办理中存在的问题。数字时代，宏观管理不再依赖事后的统计分析，可以实时、多维度监控个案办理，对个案的管理更加直接高效，有效构建在宏观目标指引下的个案管理体系机制。

坚持专门管理与其他管理并重。检察业务管理要充分发挥专门管理的枢纽作用与其他管理形成齐抓共管的高质效管理机制。《意见》对专门管理与其他管理主体的主体责任进行规范，着力构建全员参与、权责明晰、系统完备、规范高效的检察业务管理新格局。首次规定主办检察官、独任检察官是案件管理直接责任人，切实改变了过去案件管理部门与案件承办人监督与被监督的关系，彻底解决了专门管理刚性不足问题，实现了“被动管理”向“主动管理”的转变。

坚持案件质量与规模适度并重。案件管理的目标是质和量的统一。某种意义上讲，一定的“量”也是“质”的体现。应勇检察长提出“三个结构比”是衡量“四大检察”发展全面性、协调性的重要参考。深化对“三个结构比”的理解运用，提升法律监督能力和水平，实现重大监督事项案件化办理，只有规模适度才能引领检察工作的高质量发展。

坚持管“案”与管“人”并重。加强案件管理，既要管好办案活动，也要管好办案的人，坚持管案和管人相结合。各级院领导、部门负责人必须切实担起“管”的责任，要坚持“放权”与“管权”相结合，积极适应司法责任制改革背景下检察权运行规律特点，放权要于法有据，管权要务求实效。管理不仅要“约束”还要“激励”，要一体强化正向激励和反向约束，引导广大检察人员自觉把求真务实、担当实干作为鲜明履职特征，不断提升法律监督质效。

## 三、 当前检察业务管理存在的主要问题

《意见》提出，检察业务管理的现代化要重点体现在对案件实体、程序、效率、效果的监管和对人的管理上，这是新任务新要求，但是当前在实现检察业务管理现代化的路径中，存在诸多问题。

### （一）对检察业务系统化管理的认识不足、定位不准

“高质效办好每一个案件”是新时代新征程上检察机关履职办案的基本价值追求，检察业务管理必然要贯穿高质效办案的全过程、各环节。当前，有的同志对新时代检察业务管理的定位把握不准，存在“重办案、轻管理”的现象，认为只要把案件办理好了，案件管理并不重要；有的同志则认为，检察业务管理只是案件管理部门一家的事情，跟其他部门没有关系。事实上，唯物辩证法告诉我们，世间万物都是相对自成系统的，我们认识和研究一个事物的时候要把它当作系统看，从多方面进行分析，再在分析的基础上进行综合，以获得对事物的全面深刻认识。① 高质效办好每一个案件，必然要求高质效业务管理；而高质效业务管理，必然包含案件管理相关联的各个方面。这就要求检察人员要坚持系统思维，一体推进宏观管理、专门管理、自我管理、协同管理，梳理“系统化管理”思维，构建“系统化管理”格局。

### （二）检察业务管控体系运行不完善、不科学

检察业务管控体系主要是指对案件办理的实体、程序和数据质量进行监管的主体、机制和方法的综合。但实践中，对办案的实体结果监管、案件质量检查、流程监控等方面仍存在诸多问题。一是

① 参见于惠棠：《辩证思维逻辑学》，齐鲁书社 2007 年版，第 159—161 页。

办案过程的实体结果监管机制不完善。司法实践中，一般由案件承办人提交检察官联席会议讨论或者提请检察委员会研究。但对于重大疑难复杂案件的范围和标准没有明确的规定，以及限于案件承办人办案水平，对于法律适用疑难的案件，案件承办人没有认识，部门负责人、分管领导的监管没有覆盖，导致审查时有错误。二是案件质量检查工作、案件质量评查工作不规范，存在事后监管的问题。实践中，往往是以“事后检查评查”为主，缺乏“过程”监管，检查评查的重点也不明确，导致整体优质案件率不高。三是流程监控工作存在不及时、不全面、不智能。实践中，只是对系统发现的问题进行提醒、督促整改，对于需要人工监控的工作存在随意性大、不规范的问题，案卡填录错误仍是“顽瘴痼疾”，缺乏有效的案件管理措施和手段，检查监控手段滞后，零散纷杂，高效便捷性不足。

### （三）检察业务一体、协同配合管理机制有待深化

实践中，检察机关一般对本院司法活动的内部制约监督较为重视，但上级检察院对下级检察院的监督稍显弱化，统一指导、监督、协调的一体化检察业务管理运行机制的作用发挥不足。比如，上下一体组织数据质量检查、案件质量评查等专项监管工作缺乏常态化；指导办案不够规范，部分案件仍然在全国检察业务应用系统外流转，口头请示、非正式指导等情况仍然存在；检察业务管理和政工人事、法律政策研究、检务督查、新闻宣传等其他管理之间的协调配合也存在不足，没有形成强劲工作合力，协同推进提升法律监督质效不高；等等。

### （四）检察业务管理主体素能不足

宏观管理方面，有的对数据的决策意识不强，有的业务分析研

判水平不高，导致科学决策不足，业务指导作用效果不理想；有的检委会功能发挥有待加强，会议召开次数较少、审议水平不高等问题。专门管理主体方面，有的缺乏对案件管理队伍素能培养，导致流程监控形式化、案件质量评查表面化等问题。自我管理主体方面，检察官、办案组织和业务部门自我管理的意识和能力不足，部分业务部门负责人不愿管、不会管，缺少相关的知识储备和经验，自我管理相关机制不健全，自我管理的效果不明显，等等。

## 四、 检察业务高质效管理的实践探索

滨州市检察机关以检察业务管理现代化为目标，建立高质效管理的运行和支持机制，强化对个案质效全流程监管，以高质效管好每一个案件助推高质效办好每一个案件，推动四大检察全面协调充分发展。

### （一）建立以“枢纽”为牵引的系统化管理运行机制

《意见》规定，案件管理部门承担综合协调、统筹管理、监督落实的职责，位于检察业务管理的枢纽地位。滨州检察机关充分发挥案件管理部门的枢纽作用，采取支持、融入、牵引的方式构建系统化管理运行机制。及时为检察长、检察委员会提供检察业务运行态势，督促办案部门落实检察长和检察委员会的决策部署，牵引检察业务整体发展。融合办案部门的自我管理，加强与办案部门沟通，定期通报监管情况，共同发现、解决业务运行中的问题。对接其他部门的协同管理，与检务督察部门衔接，及时移送案件监管过程中发现的涉嫌违反检察职责的线索。

### （二）健全以“过程监管”为核心的高质效管理模式

建立个案质效全流程监管机制。自主研发数智化全流程监管平

台，嵌入检察业务应用系统，依据数据质量同步核查规则、案件质量筛查规则、法律监督线索发现规则等，建立个案质效筛查引擎，追踪个案办理，有效实现了业务监管的数字化和精准化。一方面对案件的案卡填录、实体结果、重要程序、信访舆情等案件质量问题建立标准模型和筛查规则，通过检察业务管控系统对案件办理的全过程进行筛查，对疑似有质量问题的案件，在案件办结前推送至案管部门，经案管部门单独或联合其他部门核实，分类施策精准处理。另一方面，创建“一案 N 查”提醒制度，主要针对依法履职、延伸法律监督职能的 12 种情形，建立智能研判、联合审查、跟进督查“子”制度，督促案件承办人延展办案效果，从而有效解决单纯办案、机械办案，不注重办案效果的问题。

建立个案质效提升机制。教育引导检察人员树立“精品意识”，将最高检指导性案例、典型案例等纳入检委会和业务部门必学内容。落实检察官对案例培育的主体责任，明确各业务部门负责人或资深检察官指导作用，在办案中对具有精品案例潜力的案件进行培育。定期召开案件质量讲评会，充分运用正反两方面的案例进行剖析。案件承办人以“解剖麻雀”的方式，从案件事实认定、证据审查、法律适用、政策把握、办案质效等方面进行剖析；宣传正面案例的积极做法，对反面案例存在的证据审查分析能力不足、引导侦查和自行补充侦查发挥不够、监督意识不强、服务大局不力等问题，也要进行剖析原因精准施策。

建立数字赋能监督机制。数字赋能检察业务管理是数字检察战略的重要组成部分，以实现检察业务管理数字化为基本路径，推动检察业务管理与数字化的深度融合。① 以数字检察赋能检察工作，

---

① 王新建：《数字赋能提升检察业务管理科学化水平的路径》，载《人民检察》2024 年第 4 期。

坚持业务主导，发动一线办案检察官就办案中发现的监督难点和重点，收集数据进行碰撞，鼓励其从个案办理中提炼、归纳、汇总类案普遍规律，构建监督模型，实现从个案办理到类案监督的转变。面向办案实践，及时总结、归纳各地已经成型的大数据法律监督模型，通过制定办案指引等方式，重点抓好已有监督模型的深度应用，通过坚持“学、用、研”相结合，探索组建各条线的数字化办案团队，强化实战锻炼，提升办案实效。

### （三）以一体履职和质效协同机制保障高质效管理

强化一体履职形成管理合力。检察业务管理实现“纵向指导有力，横向协作紧密”一体化运行机制，主要包括纵向的一体化和横向的一体化。在纵向一体化方面，上级检察机关主动对下级的内部监督制约，加强对工作的领导指导，下级机关主动请示汇报，从而及时实现对下级检察机关的预警、提醒、纠偏、整改等。增强横向管理刚性，业务横向一体化是新时代检察履职的必然要求。“四大检察”融合发展要求业务部门要注重横向一体化建设，而案管部门更不能置身事外，要高质效参与司法办案的服务和管理，对接其他部门的管理，形成管理合力，实现对检察官办案全过程、全方位动态监管。

强化监督线索管理促进四检融合。高质效管理是具体的，不是抽象的，把高质效管理理念创新落实到推动检察业务工作高质量发展中去。近年来，滨州市检察机关坚持“高质效办好每一个案件”要求，延伸拓展每个案件的价值和效果，注重常规办案时，同步审查研判是否存在司法工作人员职务犯罪、立案监督、司法救助、专项及社会治理检察建议等法律监督线索情形。其中，对能否培育成典型案例、有无法律适用问题研究、创新解决问题及总结工作做法等情形，打造构建线索、事项双查、专班推进、全程督办、分析通报等管理方式，实现“一案N效”，打造出了一批最高检和省检察院典型案例。

强化协同管理拓展工作实效。加强案管与办公室、政工人事、检务督察、考核办的协同配合，建立线上衔接机制，协同开展数据专项核查、流程监控、效果督查、案件质量评查等工作，建立协同分析研判、协同闭环推进制度。把宏观业务数据分析和业务决策分解为流程监督和效果督导的重点，根据监控节点和个案质效，将疑似问题案件找出来，经协同分析，提出监管意见，对问题案件进行整改，同时对后期办理的案件及时进行监督纠正。

### （四）夯实能力建设赋能业务管理现代化

以素能提升夯实高质效管理基础。高质效管理要以高素质、复合型的管理人才为基础，既有高质效的思想意识，更有高质效的发现能力和应对措施。实现高质效管理，履行好流程监控、质量评查等工作职责，要懂业务、会办案，以贴近办案实际要求；围绕“四大检察”业务重点难点，突出实战化专业练兵、培训，促进服务和监督水平同步提升。作为“高质效办好每一个案件”的实践主体，检察官、办案组织和业务部门要正确把握高质效办案和高水平管理的关系，寓管理于办案、边办案边管理，既抓好案件办理这个根本，又抓好案件管理这个基础，善于通过案件管理发现错误、纠正偏差，树牢以高质效管好每一个案件助推高质效办好每一个案件的观念，既向严格依法办案要质效，也向高水平管理要质效。

以责任强化倒逼高质效管理。充分发挥案管部门作为监督部门的高质效作用，应克服不愿监督、不敢监督、不会监督的短板，把监管责任作为执法司法责任链的重要内容。作为全院性工作，从院领导到办案部门到案管部门各负其责，案管部门作为直接责任部门，发挥好业务工作中枢职能定位作用，对实体、程序、数据等发现问题，加强督促整改落实。

以数字案管精准实施高质效管理。贯彻高质效管理不仅在理念上转变，更要在措施上加强高质效落实。以“数字检察”“智慧案管”建设为契机，面对“适度超前”的智慧案管技术，提升主动创新的意识，案管人员主动转变、主动适应、主动学习，深挖“智慧+案管”这个富矿。做细做实高质效管理，不应只做“跟随者”，更要勇做“破冰者”，以创新“数字检察”“智慧案管”体现科学化、智能化、人性化，主动适应和深度利用好自动化流程监控系统、人工智能案件质量评查系统、知识化业务数据监管系统、全息化案件信息公开系统和实时动态的全业务需求管理系统“五大系统”，使高质效管理更高效、更便捷、更科学。

## 五、检察业务高质效管理的未来展望

### （一）宏观管理的目标指向更加明确化、科学化

宏观业务数据是一个地区在一定时期内个案高质效在宏观层面的客观反映。应勇检察长提出，将“三个结构比”引入宏观业务数据分析研判，为个案高质效在宏观管理上提供了有效抓手和重要载体，从宏观层面上更是体现法律监督能力的提升和法律监督力度的强化。从履职结构比的发展变化中，准确把握“四大检察”案件总体态势，有针对性做优强项、补齐弱项；从案件结构比的发展变化中，全面审视综合履职、依法履职的实际效果，促进法律监督整体效能的提升；从案源结构比的发展变化中，精准找到拓宽法律监督线索渠道、促进法律监督提质增效的手段和方法，不断提高法律监督能力和水平。

### （二）微观管理的监管过程更加数智化、高效化

优化业务管理机制，全面准确落实司法责任制，把“三个善

于”融入每一个案件办理中。在检察业务管理组织体系中，案管部门的专门管理与检察官、办案组织、业务部门的自我管理相辅相成，通过全流程数智化全要素监管，实现高质效办好每一个案件的宏观业务目标具有重要意义。专门管理和自我管理应当相辅相成，一方面，办案人员要在办案实践中深入贯彻“三个善于”的要求，正确把握高质效办案和高水平管理的关系，寓管理于办案、边办案边管理，既抓好案件办理这个根本，又抓好案件管理这个基础，善于通过案件管理发现错误、纠正偏差，深入实践高质效管好每一个案件助推高质效办好每一个案件的观念。另一方面，通过案管部门的专门管理，将“三个善于”落到实处，融入检察办案全过程各环节。案管部门充分运用案管管理工具和手段，从办案全流程监管的角度加强个案的质效监管，充分运用人工智能，通过参与、跟进、融入办案过程，开展全面、实时、动态式管理，既不影响检察官办案自主权，又确保检察权依法公正行使；通过深化依法能动管理理念，主动适应检察工作大局和司法办案需要，自觉主动开展案件管理，兼顾工作标准、工作态度和工作方法。所有的行为都将通过在线的方式实现，司法办案活动将全程可控、可查。对司法办案活动进行全天候、全过程、静默式监督管理，及时提醒和纠正不规范做法，大幅提升司法规范化水平。

### （三）协同管理的运行机制更加融合化、多元化

检察业务管理理念现代化要求，加强案件管理，既要管好办案活动，也要管好办案的人，坚持管案和管人相结合，实行“双效管理”。加强个案质效管理和个人绩效管理，着力管到关键处、管住关键事，一体强化正向激励和反向约束，引导广大检察人员自觉把求真务实、担当实干作为鲜明履职特征，不断提升法律监督质效。在目标层面，要以推进宏观管理的发展方向和总体目标为“双效管

理”的目标，以“高质效办好每一个案件”为检察履职的基本价值追求，要把强化法律监督能力和力度、深度参与社会治理、推进社会治理能力现代化作为“双效管理”的出发点和落脚点。实现“双效管理”，要求相关部门必须协同配合。在组织层面，要建立协同管理一体化组织，配套建立协同机制制度，通过加强部门间协同分析、综合监管、联合惩戒等，形成各司其职、各负其责、相互配合、齐抓共管的强大监管合力，实现“1 +1 >2”的效果。一方面，突出关键要素，突出个案监管力度和个人素能提升，通过对个案问题分析精准开展素能培训，把“三个善于”融入政治轮训、业务竞赛，坚持实战、实用、实效导向，完善专业素能培养体系，注重培养领军人才和高层次、专业化人才。另一方面，以自我革命精神纵深推进全面从严治检，加强检察权运行制约监督，严格执行防止干预司法“三个规定”，以过硬纪律作风为保障，当好高质效办案的“第一责任人”。

# 以高质效管理促进高质效办案的几点思考

万　强　夏俊杰*

## 目　次



* 万强，湖北省黄冈市人民检察院党组书记、检察长；夏俊杰，湖北省黄冈市人民检察院案件管理办公室副主任。

### （二）怎么办——以办案质效为核心健全内部监督机制

为贯彻落实习近平总书记强调的“努力让人民群众在每一个司法案件中感受到公平正义”，最高检党组旗帜鲜明提出“让‘高质效办好每一个案件’成为新时代新征程检察履职办案的基本价值追求”。高质效办案必然要求高质效管理、高水平管理服务和促进高质效办案。2024 年 1 月，《关于加快推进新时代检察业务管理现代化的意见》出台，如何以高水平的案件管理促进“高质效办好每一个案件”，已成为案件管理部门当前工作的重要方向。

## 一、深刻理解“高质效办好每一个案件”的时代价值

### （一）“高质效办好每一个案件”是深入践行习近平法治思想的生动体现

2014 年 1 月 7 日，习近平总书记在中央政法工作会议上指出，要懂得“100 - 1 = 0”的道理。执法司法中万分之一的失误，对当事人就是百分之百的伤害”。党的十八大以来，在习近平法治思想的指引下，法治中国建设取得重大进展。但不容忽视的是，近些年仍不断有冤错案件曝光，严重影响了司法权威和司法公信。“令在必信，法在必行。”新一届最高检党组深刻把握习近平法治思想的科学内涵，旗帜鲜明提出“让‘高质效办好每一个案件’成为新时代新征程检察履职办案的基本价值追求”。可以说，这是检察机关回答好维护和捍卫党的全面领导，坚定拥护“两个确立”、坚决做到“两个维护”这道政治考题的必然答案。

### （二）“高质效办好每一个案件”是践行司法为民初心使命的行动指南

《中共中央关于加强新时代检察机关法律监督工作的意见》明

确指出“检察机关要坚持以人民为中心的发展思想，顺应新时代人民对美好生活的新需求”。司法公正作为人民群众感受社会公正的一把“标尺”，不是抽象的，而是具体的，它寓于个案公正之中，并通过无数个案的公正来体现。“高质效”办好一个案件并不难，难的是坚持不懈地办好“每一个”案件。检察机关作为党绝对领导下的政治机关、法律监督机关和司法机关，唯有持之以恒地“高质效办好每一个案件”，才能真正让人民群众从检察工作中感受到更多获得感、幸福感、安全感。

### （三）“高质效办好每一个案件”是进一步加强法律监督工作的必然要求

党的二十大报告特别强调“加强检察机关法律监督工作”。这是新时代新征程，以习近平同志为核心的党中央对全面依法治国、党的检察事业发展作出的历史性、战略性部署，赋予检察机关更重的政治责任、法治责任、检察责任。检察机关的法律监督权威不是来自监督地位，而是来自监督质效。法律监督不能高人一等，但要技高一筹。只有做到“高质效办好每一个案件”，把质量、效率、效果统一于公平正义，才能担负起党和人民赋予检察机关的责任，更好履行法律监督职责。

### （四）“高质效办好每一个案件”是加快推进检察工作现代化的必由之路

检察工作现代化是中国式现代化、政法工作现代化的重要组成部分，是一项长期艰巨的历史任务，是一个动态演进的发展过程，必须以高质量发展为基础。检察事业步入新发展阶段，就具体职能行使来看，检察工作点多面广，但关键和重点仍在于办案。“高质效办好每一个案件”就是从“办案”的角度切入，既追求“高质效”，又要求“每一个”。因此，把“高质效办好每一个案件”作为新时代新征程检察履职办案的基本价值追求，体现了对司法规律和检察规律的遵循，能够更好引领检察工作理念、体系、机制、能力变革，激发检察工作高质量内生动力，确保检察工作现代化行稳致远。

## 二、 科学把握“高质效办好每一个案件”的基本内涵

破好题才能解好题。想要理解好、贯彻好这一要求，就要从“高质效”“办好案”“每一个”三个维度深入剖析、逐项解构、全面把握。

### （一）准确把握“高质效”的内涵

习近平总书记指出：“如果人民群众通过司法程序不能保证自己的合法权利，那司法就没有公信力，人民群众也不会相信司法。”这一重要论述，蕴含着对实体公正、程序公正、社会公正的深刻思考。

从实体公正的角度看，监督办案结果要实现公平正义。具体而言，检察机关应立足宪法和法律赋予的权力，积极主动地执行刑事、民事、行政和公益诉讼等检察职能，在实体上确保公平正义的实现。必须认识到，“实体问题”“实质正义”关乎普通民众朴素的正义感，是高质效的基础。因此，检察人员在司法办案中不能就案办案、机械办案，不能仅仅满足于形式上的“不违法”，不能只满足于“程序了结”，要综合考虑天理、国法、人情，以达到最佳的办案效果。

从程序公正的角度看，要让公平正义更好更快实现。习近平总书记指出：“要守法律，重程序，这是法治的第一位要求。法治既是规则之治也是程序之治。”对于检察机关而言，在新时代的新征

程中，要实现程序上的公平正义，必须以规范化为前提，严格执行刑事、民事、行政、公益诉讼办案规则，努力把案件办理的每一个环节都做到极致，尽可能依法一并解决案件相关联的问题，有效减少检察办案环节的程序空转。

从社会公正的角度看，要让公平正义可触可感。应勇检察长提出，要“让人民群众可感受、能感受、感受到公平正义，做到检察办案质量、效率、效果有机统一于公平正义”。实现这一目标，一方面，要践行全过程的人民民主，通过不断完善人民监督员、公开听证、案件信息公开等制度，让当事人把事说清、听证员把理辨明、检察官把法讲透，让公平正义以人民群众“看得见”“可感受”的方式实现。另一方面，要“情同此心”“如我在诉”办好每一起案件，努力做到法、理、情有机统一，让人民群众“感受到”公平正义。

### （二）准确把握“办好案”的内涵

一是“办好案”就是要实现三个效果的有机统一。“办好案”的核心是“好”，但“好”的标准不能止于“形式合法”。比如，在作出捕或不捕、诉或不诉、开展或不开展法律监督等检察决定前，要充分研判会有什么政治、社会影响，做到准确把握实质法律精神、不机械套用法律条文，使办案既符合“文本法”，也符合人民群众感受的“内心法”。我们要清醒地认识到：脱离了政治效果，社会效果和法律效果就失去了意义；离开了法律效果，检察机关就背离了法律监督机关的职能定位，政治效果和社会效果也就无从谈起；如果不注重社会效果，一味就案办案，就会回到案结事不了、程序空转、矛盾越积越多的老路上，既不利于厚植党的执政根基，也不利于树立司法公信和司法权威。所以，“办好案”就是要“办质量过硬的案”，但“质量过硬”不仅是法律评价，还是融合了天理、国法、人情的综合评价，是汇集了当事人、人民群众、社会多方视角的整体评价。

二是“办好案”就是要在不同案件中有不同的侧重。与“高质效”不同，“办好案”应在不同案件中有不同的侧重。如繁案中的“办好案”是精办、细办，而简案中的“办好案”是简办、快办；诉讼办案中的“办好案”强调质量和效率，但监督办案中的“办好案”则更看重质量和效果；依职权监督中的“办好案”多意味着“有效成案”，依申请监督中的“办好案”则更追求当事人满意。“当事人满意”并不意味着无条件、无原则支持当事人的诉求，即使不支持当事人的监督申请，也要充分利用听取意见、调查核实、公开听证等环节，让当事人在每一个案件中感受到公平公正。

三是“办好案”就是要经得起实践多方面的经验。首先，“办好案”要经得起司法检验。不仅要经得起当下法律的检验，而且要有预判力、要以发展的眼光看问题，经得起未来可能的法律调整的检验。其次，“办好案”要经得起当事人检验。要对当事人的诉求进行认真审查、依法核实、积极回应，充分保障当事人合法权益，通过听取意见、参与公开听证、公告送达等多种方式，力争让当事人满意。最后，“办好案”要经得起人民群众检验。现代社会是网络社会，一些敏感案件容易引发网络舆情、社会关注。为此，检察机关必须做好风险评估、舆情应对预案，正确披露案件事实、及时回应群众质疑、广泛开展释法说理，让人民群众感受到公平正义。

四是“办好案”就是要积极主动做好“后半篇文章”。有的案件虽然办完了，但当事人的诉求没有解决、矛盾纠纷没有化解；有的案件当事人因遭受犯罪侵害或民事侵权，家庭陷入了生活困难。对此，要坚持不止于“程序上”结案，而是“跨前一步”主动担当作为，做好矛盾纠纷化解、释法说理、司法救助、追赃挽损等“后半篇文章”，变“结案了事”为“案结事了人和”，厚植党的执政根基。此外，要坚持不止于“个案办理”，注重从个案办理的“抽丝剥茧”到类案研究的“层层推进”，深挖类案背后的深层次问题和治理漏洞，实现个案办理向类案监督延伸，推动检察办案从“治标”向“治本”跃升，在服务大局中进一步彰显检察担当。

### （三）准确把握“每一个”的内涵

一是“每一个”意味着业务类型要全面覆盖。新时期检察机关已经形成了“四大检察”法律监督基本格局，正朝着全面协调充分发展的方向持续努力。然而，实践中重诉讼办案、轻监督办案，重刑事检察、轻民行检察，重繁案、轻简案，重大案、轻小案等问题依然存在。高质效办好“每一个”案件就是要重视各类检察业务，不放松对“每一个”案件的职责要求。

二是“每一个”意味着履职要规范充分。“规范”，就是要求检察机关行权有据，恪守职能边界，不超越检察职权，不代行他人职权，严格依照法定程序模范履职。“充分”，就是要依托检察职能，兼顾法理情，力求实现政治效果、法律效果、社会效果的统一。比如，在办案中，除坚守实体质量底线外，还要做好刑事和解、追赃挽损、司法救助等工作，同时细致审查侦查、审判活动的规范性、合法性，发现可能存在的监督线索。

三是“每一个”意味着办案监督要分流均衡。一方面，高质效办好“每一个”案件并不是要求对每一个案件平均用力；相反，是要求对不同案件根据具体情况优化配置办案资源，即做到繁简分流、轻重分离、快慢分道。对于事实清楚、证据确实充分且犯罪嫌疑人、被告人认罪认罚的案件而言，“高质效”一定程度上主要体现为适度的“高效率”。同时，该类案件简办、快办又为“繁案”精办提供了有利条件，为高质效办好“每一个”案件提供了良好的机制保障。

## 三、 服务和促进“高质效办好每一个案件”的具体路径

### （一）怎么看——以习近平法治思想为指引更新司法理念

一是要处理好规模与质效的关系。要强化辩证思维、树立正确政绩观，处理好规模与质效的关系。一方面，要保持“量”的合理增长。在保证质量的前提下，做到与检情相适应的监督办案规模。另一方面，要保持“质”的有效提升。办案质量是前提，没有质量，再多的数量都是空谈。所以，统筹好办案规模与质量的关系，在确保质量的前提下加大力度，特别是要强化大数据思维，借力数字检察的技术手段补短板、求突破，有效推进监督办案工作。

二是要处理好潜绩与显绩的关系。一方面，潜绩是显绩的基础。“高质效办好每一个案件”是事关长远、事关基础的事情，不能急功近利，不能脱离质量“凑数据”，不能搞“数量竞赛”“数量攀比”，而要扎扎实实把案件办好，真正把“有质量的数量”和“有数量的质量”统筹在更加注重质量之上。另一方面，显绩是潜绩的结果。只要把每一个案件都高质效办好，稳扎稳打、日积月累，案件质量自然会整体提升，潜绩意义就更深远。

三是要处理好个案与类案的关系。“高质效”应在“个案监督质量”和“类案治理效果”上寻求平衡，实现监督效果的最优化。一方面，不能盲目地将“高质效”等同于针对个案的高质量文书。对常见问题就案办案，就同类问题反复制发监督文书，即使每份监督文书质量很高，也无法促进被监督单位真正解决问题，这种停留在纸面上的所谓“高质量”并非“高质效”。必须推动被监督单位通过堵漏建制等措施避免类似问题的反复发生，才能实现综合治理的“高质效”。另一方面，也不能简单地将“高质效”局限于类案监督。个案监督和类案监督的有机结合，是放大检察机关监督办案

效能的关键一招。要善于从具体案件中见微知著，拓展优化个案办理的效果，促进“个案监督”“个案智慧”转化为“类案监督”“类案经验”，实现“办理一案、监督一批、治理一片”的社会治理效能。

四是要处理好管人与管案的关系。管案与管人是检察业务管理工作不可分割的两个方面，加强检察业务管理，既要管好办案活动，也要管好办案的人，必须把二者紧密结合起来，以管案促管人，以管人促管案。一方面，通过管案来管人。把检察业务管理与干部教育培训、选拔任用、考核评价、评先评优以及追责惩戒相结合，促进检察业务管理与干部管理监督衔接互动、协调运转。另一方面，通过管人来管案。检察长、办案部门负责人、协同管理部门等要不断转变工作理念、管理方法、指导方式，加强对检察人员的政治轮训、业务集训、办案实训、管理强训，引导广大检察人员坚持实事求是、严格依法办案，不断提升法律监督质效。①

五是要处理好治罪与治理的关系。坚持和发展新时代“枫桥经验”，认真落实习近平总书记强调的“法治建设既要抓末端、治已病，更要抓前端、治未病”，认真落实应勇检察长反复强调的“三个善于”，着力提高正确运用法律政策的能力水平，特别是对一些发生在农村、山区与传统习惯、民风民俗有关的案件，更要按照“三个善于”要求审慎妥处，绝不能把案件办得违背公序良俗，超出人民群众基本认知。要将矛盾化解贯穿司法办案始终，查实矛盾纠纷背后的深层次原因，配合运用公开审理、公开送达文书等适当方式，同步做好释法说理和普法宣传，对于符合司法救助条件的案件及时救助，缓和对立冲突，促使矛盾化解。

① 参见申国军：《以业务管理现代化促进高质效办好每一个案件——科学理解最高人民检察院〈关于加快推进新时代检察业务管理现代化的意见〉》，载《人民检察》2024年第8期。

### （二）怎么办——以办案质效为核心健全内部监督机制

一是要构建全员化的检察业务管理体系。检察业务管理是全院、全员的共同责任。案件管理部门应明确自身职责，并推动其他业务部门共同参与，形成齐抓共管的良好氛围。可分为办案事前、事中、事后三个阶段。在事前阶段，要构建涵盖员额遴选、考核评审、等级晋升、员额退出等常态化管理体系，为高质效办好案件把好第一道关。在事中阶段，要严格依据司法责任制的要求，严格依照权责清单配置案件审批权限，完善文书审签、检察官联席会议组织、案件复核、检委会讨论等案件管理流程，严格执行重大敏感案件及时报告制度、案件请示办理工作规定等，确保权责清晰、流程顺畅。在事后阶段，要通过进一步完善检察业务数据分析研判会商机制，进一步强化案件流程监控和案件质量评查，与检察官绩效考核相统筹，引导检察人员不断提升能力素质，遵循司法规律，严格依法办案。

二是要健全动态化的办案流程管理机制。首先，要不断完善随机分案为主、指定分案为辅的案件承办确定机制，做到既体现公平、公正、公开，又兼顾不同层级、地域、部门的人员素质、案件性质、难易程度等差异情况和办案专业化建设方面的实际需要；既重视发挥检察业务系统的硬制约作用，又便于检察长对办案的统一领导、科学调度和有效监督，实现源头管理。其次，要坚持以“程序性监管为主，实体性监管为辅”的原则，对案件受理、强制措施的适用、涉案财物的处置、文书的制作与使用、办案期限以及诉讼权利的保障等关键环节实施全程监管。再次，要防止流程监控流于形式，形成上下联动、左右协同的监控网络。加强与各业务部门的统筹联动，在各业务部门设立流程监控员，并将监控工作成效纳入个人绩效考核，定期召开跨部门联席会议、流程监控讲评，共同推动流程监控工作走深走实。最后，要不断地完善多层次的问题识别与处理机制。根据违规行为的严重程度，分别采取差异化的措施，包括但不限于口头提醒、发送流程监控通知、通报给相关部门，以及向检察长报告等，确保过程管理有效。

三是要健全实质化的办案质效管理机制。首先，要积极融入法律监督工作，协助业务部门破解监督难题。比如，针对公安机关退而怠查的问题，案件管理部门可以在公安机关退查重报时，核实补查材料是否落实到位；针对退而未报的案件，也可以及时反馈给承办人，督促公安机关及时报送。其次，要树立正确的政绩观，鼓励检察人员遵循司法规律。进一步强化承办检察官对案卡数据填录、审核的主体责任，综合运用信息核查、流程监控、业务提示、数据通报、分析会商等方式，引导检察人员不盲目攀比、不走极端。最后，要加强案件质量评查，推动评查重心从程序性问题向程序、实体转变。建立由案件管理部门牵头、各业务部门参与的案件质量评查人才库，探索入额院领导定期评查本院检察官、下级院领导报上一级院评查等机制，定期开展常规评查、重点评查、专项评查，切实提升评查效果。强化考评结果运用，健全案件质量评查与责任追究工作衔接机制，将其作为检察官提拔任用、等级晋升、绩效考核奖金分配、是否退出员额等事项的重要依据，切实落实检察官办案责任制。

# 以智慧案管高水平管理促进高质效办案

刘光辉*

目　次



随着大数据、人工智能等新兴技术的发展与融合，“机器智慧”在社会各行业各领域中得到广泛应用。检察机关也积极融合这一新质生产力，着力进行数据挖掘与应用，推动检察工作向现代化、智能化、精准化迈进。在此进程中，业务管理须以“先于办案、利于提质”的责任担当，主动拥抱技术革新、积极推动数字转型，通过

* 刘光辉，重庆市人民检察院第二分院四级高级检察官助理。

智慧案管切实发挥“以高水平管理促进高质效办案”的职能作用，以检察业务管理现代化更好推动检察工作现代化。

## 一、智慧案管对传统案管的超越

党的二十大报告提出，科技是第一生产力，人才是第一资源，创新是第一动力。借助当前科技成果构建的智慧案管，不仅能够显著减轻日常工作负担，提高工作效率，还能催生源源不断的创新成果。

### （一）为基层减“负”：缩减日常工作流程

基层之“负”，既有日常工作承担的负荷，也有历史发展累积的负累。最高人民检察院党组历来强调要减少基层负担，提出在大兴调查研究中要防止扎堆调研、多头调研、重复调研给基层增加负担，同时找准基层难点、堵点，帮助解决真问题；① 更进一步指出“整治形式主义，为基层减负，是一项重要政治任务”，要求精简会议、减少发文，让基层能将更多精力专注于高质效办理监督案件。② 基层院在面临办案量大的同时，又面临着“队伍不强、业务不精、评价靠后，五年招不进一个公务员，培养不出一个业务标兵或办案能手，两年流失 13 名干警，工作评价排在全市后列”③ 的问题。

基层对精文减会、调研督查、考核评价④反映强烈，表明过多

① 参见巩宸宇：《以减负促担当　以教育促整顿　让求真务实担当实干成为检察履职鲜明特征》，载《检察日报》2023 年 6 月 7 日第 1 版。

② 参见巩宸宇：《铸忠诚　提质效　强作风　抓落实　把主题教育成果转化为推动检察工作的不竭动力》，载《检察日报》2024 年 2 月 6 日第 1 版。

③ 郭树合：《“三年攻坚”带动基层检察新跨越》，载《检察日报》2024 年 3 月 22 日第 5 版。

④ 参见蒋杰、谭瑾：《浙江宁波：整治形式主义为基层减负》，载《检察日报》2024 年 4 月 12 日第 6 版。

的活动影响了监督办案，增加了工作负荷；人员缺乏、能力欠缺、效果不佳问题，凸显出基层发展与实践需要脱节，累积了不少历史负累。对此，智慧案管可为基层提供强力支撑，整体减少基础工作负担，稳定释放人员精力。例如，依托自动化评价、可视化展示，考核评价可省去自我评价、他人复评等环节，常态化展示也能减少结果异议，均有助于节省个人精力。在发现办案问题、规范办案行为上，智慧案管与调研督察相辅相成，借助智慧案管分析发现“真”问题，既减轻了反复报送材料和索要数据带来的工作负担，又可与调研督察相结合将问题解决得更“实”。得益于检察业务应用系统 2.0 搭建的基础平台以及应用共享的特性，过去因客观条件限制而发展滞后的基层院，也能明显地减轻填录、评查和分析研判压力，获取最大边际的效益提升。

### （二）为办案增“效”：提升监督办案精准度

办案之“效”，既有在办时的效率，还有办结后的效果。高质效办好每一个案件是检察工作的基本价值追求，检察官必须将这一追求贯彻到履职办案的全过程，“既要通过履职办案实现公平正义，也要让公平正义更好更快实现”①。一直以来，检察机关高度重视提升效率、效果，积极优化权力运行、完善制度机制和加强队伍建设。例如，通过司法责任制改革与内设机构改革，进一步理顺检察权内部运行机制；通过认罪认罚从宽制度，有效推动刑事案件的繁简分流；通过成立专门机构或专业团队专门办理知识产权、经济金融等案件，采取“类案专办”方式提升办案质量、延伸办案效果；出台《关于加强新时代检察队伍建设的意见》，进一步明确队伍建

① 崔议文、张建伟、施净岚、周媛媛：《“高质效办好每一个案件”三人谈》，载《人民检察》2023 年第 9 期。

设和能力建设的具体要求。随着数字检察战略的深入推进，监督模型成为提质增效的全新着力点，它极大改变了以往依靠堆砌人力、延长时间来增加产出的“会战式”工作方式。各地检察机关利用监督模型，对检察办案数据、政法机关共享数据、公共大数据平台数据进行对比碰撞，有效突破了监督线索匮乏的工作瓶颈，显著提升了成案效果，准确切中了社会治理的难点要害。这不仅大幅节约了办案精力，也让法律监督更加有力有效。

在支撑检察办案方面，智慧案管也发挥着重要作用。利用累积的办案大数据，智慧案管不仅可通过业务数据分析研判助力宏观指导、辅助科学决策，还能实现“问题发现与提醒自动化、修正处理可查化以及个人画像可视化”。这就意味着，大多数问题无须经过事后专门的“检查—更正”环节，系统便能在第一时间自动发现、阻止，或提示改正，办案效率得以明显提升。由此，日常管理也逐渐朝着“管办协同”方向发展，管办关系进入“松耦合”状态。

## 二、 智慧案管与数字检察的协同

在推动法律监督现代化转型的过程中，智慧案管既是构建数字检察的重要环节，也是推动检察业务数字化和数据赋能检察办案的重要助力。有必要深刻理解智慧案管与数字检察之间的协同关系，充分发挥智慧案管的潜力，以更好地推动检察工作现代化。

### （一）同源性：均以数据和自动化为发展基础

社会生产生活方式的深刻变革推动了数字检察的兴起。社会交往行为、违法犯罪行为、司法诉讼行为的相继数字化以及大数据处理技术的应运而生，使得作为社会重要组成部分的检察工作也走上了数字化的发展道路。当前，不断迭代升级的 AI 技术所展现出的惊人能力，若与数据进行充分结合，无疑将“重塑法律监督功能、模式、流程、手段和体制机制，使其能够促进社会治理从低效到高效、从被动到主动的深刻转变，真正实现新时代检察工作高质量发展的现代化‘蝶变’”[①]。在实践中，2023 年以来浙江省检察机关的 4 个数字侦查专项——民事执行司法网拍、违法减假暂、涉黄赌案件融合式监督和醉驾案件下行，就为该省检察侦查办案提供了 78.4% 的案源线索，[②] 充分展示了数字检察的实战效能。

与上述情况相似，基于数据和自动化技术的智慧案管也取得了显著进展。流程监控、质量评查和数据监管业务的自动化程度快速攀升，“一键”直达已能够覆盖多数日常监管活动。尤其值得一提的是，最高人民检察院通过对 2000—2023 年的业务数据梳理，发现判处不满 3 年有期徒刑及以下刑罚人数占比从 2000 年的 53.9%、2020 年的 77.4% 升至 2023 年的 82.3%。这一“犯罪结构明显变化”的发现，让“轻罪治理需求凸显”成为各界关注焦点。

数据挖掘的重要性不言而喻。随着数据规模的日益扩大，数据挖掘也愈发依赖自动化和智能化。智慧案管和数字检察两者在发展基础上所具有的同源性，意味着“一份算力、两者共享”，无须重复建设底层平台；“一次挖掘、重复使用”，可互相促进与协同发展。

### （二）互补性：提振监督质效与聚焦高质效发展

在实践中，数字检察主要是指检察办案活动，且是主动性突出的检察监督活动。例如，“空壳公司监管类案监督”活动推动市场监管部门吊销了约 3000 家虚假注册公司的营业执照，公安机关刑事

① 贾宇：《论数字检察》，载《中国法学》2023 年第 1 期。

② 参见劳伟刚、李宁、骆思慧：《数字检察背景下检察侦查一体化的探索——以浙江省检察侦查实践为视角》，载《人民检察》2023 年第 14 期。

立案共计 140 余人。[①]“务工人员工资保证金大数据法律监督”活动督促劳动监察部门对 2 个施工单位处以罚款，8 个施工单位存储工资保证金。[②]“车辆保险诈骗类案监督”有效定位了虚假诉讼骗取保险理赔款线索，检察调查核实与公安侦查相关人员受到了刑事追诉，检察机关也随即提起了民事裁判监督。[③] 去年底，北京市检察机关监督案件与司法案件占比升至 65∶35，数字检察提供的监督线索占到 70% 以上，成案数量占比升至 59%。[④] 可见，数字检察强化了检察监督的履职能力，推动了监督案件数量的大幅增长，显著提升了监督质效。

在监督活动尽享数字红利的同时，智慧案管可根据不断完善的数据审核规则，自动对比案卡、报表、文书关联信息，推动有限的检察人财物资源聚焦到高质效办案上。当前，检察机关案件管理系统中的“数据质量一键核查”子系统，已经有能力检测常见的数据错填、迟填、漏填，并发现错捕、错诉、错判，还能有效探查监督数据骤增骤减、大量人员非羁状态被报捕等异常情况。未来，智慧案管还将进一步增加“脑容量”，“记住”接收案件时的初始数据、屡次修改数据、最终数据及其全过程情况，从而助力办案工作聚焦高质效监督，推动形成实实在在的监督成效。

---

① 参见马春晓：《数字检察的生成逻辑、实践范式与发展面向》，载《中国政法大学学报》2023 年第 6 期；袁中锋：《检察专项监督清理“空壳公司”939 家》，载《安徽法制报》2023 年 2 月 17 日第 1 版。

② 参见高虎、宋铭欣、王瑞：《数字检察的“陕西实践”》，载《西部法制报》2024 年 2 月 1 日第 3 版。

③ 参见周江：《数字检察视野下车辆保险诈骗类案办理与反思》，载《中国检察官》2023 年第 8 期。

④ 参见方洁：《数字检察专门机构设置刍议——以北京数字检察实践为视角》，载《人民检察》2024 年第 6 期。

## 三、 迈入智慧案管的两个面向

科技发展犹如涟漪，终将从中心扩散至边缘。虽然当前业务管理尚处于信息化、数字化和智慧化的交织期，不同检察机关之间存在发展水平甚至是发展阶段的差异，但业务管理的“手指”已扣响了智慧案管的“大门”。把握目的、职能两个重要面向，业务管理将更为顺利地跨过智慧案管的“门槛”，迎来业务管理的新图景。

### （一）目的面向：规范“由案到人”，探索“以人索案”

虽然智慧案管直接促进的是业务管理的自动化、智能化，但其最终目的在于推动检察工作的高质效发展。当前，整合外部数据挖掘监督线索、提升成案精度，构成了检察监督提质增效的重要举措，有效强化对本地的法律监督，较好地履行了地方检察机关“守护一方”的职能责任。不过，随着国家治理体系和治理能力现代化的深入推进，目前以案件办理给予相关人员责任处置的“由案到人”逻辑，或许将转向为统合特定人员全流程、全时段涉案信息，推动关联案件归集处置的“以人索案”逻辑。作出该判断的理由在于，“由案到人”属于办理逻辑，是在一个案件闭环中处理责任认定，地域、人员和时段局限性均十分明显。“以人索案”则属于治理逻辑，既可以应对一人跨地域跨时间违法犯罪以及非吸、电诈、涉黑恶等共同犯罪或共同受害相分离造成的信息割裂风险，在办案之初就识别“同犯”“同案”和曾受处罚情况；同时又能将个人处罚与个人改造相联系，为刑罚多样化提供判断依据。

上述目的，须经由智慧案管来实现。从既有职能设置来看，业务管理部门作为司法案件的统一进出口，承担着案卷材料信息化和数据化处理，并负责案卡填录和数据质量的监管。其“枢纽”职能的发挥，既包括通过具体履职、综合履职实现质量控制和业务保障，也包括提升案件材料的数据化水平，增强检察系统内数据的互通性，推动结构化数据与半结构化数据的利用率。在此基础上，形成相互独立但又有所关联的各类人员信息库，并与获取的外部数据相结合，共同助推检察办案高质效发展。

### （二）职能面向：聚焦业务监管，避免业务重合

监督管理和服务保障办案，是业务管理职能的两大重心。二者虽有区别，但最终目的均在于推动检察机关高质效履职。相对于司法办案活动，监督管理和服务保障工作更强调能动性，须主动挖线索、寻问题、找对策、促优化。由此，为适应现实的需要，监督管理和服务保障的具体外延是求变的，也是可变的，实践中确实也是在变的。比如，近些年新增的对办案系统、业绩考核、检察数据的管理，以及业务数据分析研判会商的制度化。这些工作既有效解决了检察机关发展过程中的现实问题，并起到了护航检察机关高效履职的作用，但也带来了“业务指向淡化”的现实压力：一方面，办案系统管理、业绩考核管理属于基础工作或延伸内容，均不直接指向案件办理活动；另一方面，智能化将提升程序响应速度，逐渐缩小流程监控、质量评查与办案活动的时间间隔，直至与办案活动同步并最终融入案件办理。

随着案件数据化程度的提升，检察数据管理与业务活动的关联性将日益强化。借由智慧案管搭建的“数据—案件”中继，通过数据管理监管业务活动就具有现实可能，数据治理也将自然而然地演化为“办案治理”。在转化过程中，须着重提升业务分析研判对于办案质量本身的关注，加强对办案质量的分析研判。当前，业务分析报告的主流内容还在于不同业务类型案件数量的增减，或是特定业务领域文书数量的变化；相对偏重于犯罪态势分析和履职不平衡问题，直接关注办案规范性、问题性的分析报告偏少，影响力也较

小。在更为强调“一体化履职”与实践举措日益多样化的情形下，业务管理部门的分析研判趋向于关注“案件”而非“办案”。这与其他具体业务部门开展的业务分析研判，在分析对象上就出现了直接的“重合”。在业务分析研判快速发展阶段，这种“重合”现象具有必然性、阶段性，但在迈向智慧案管的进程中，业务管理部门须提前谋划、尽早探索，寻求智慧案管分析研判办案质量的实现路径和具体方法，主动聚焦业务监管，避免业务重合。

# 业务研究

YEWU YANJIU

# 案件质量评查全覆盖实证研究[*]

王文山　程延军　王　博[**]

目　次



---

* 本文系检察案件管理理论研究课题“案件质量评查全覆盖实证研究”的阶段性成果。

** 王文山，河北省邢台市人民检察院党组书记、检察长、二级高级检察官；程延军，河北省邢台市人民检察院案件管理与检察技术部主任、一级检察官；王博，河北省邢台市隆尧县人民检察院第三检察部负责人、四级检察官助理。

案件质量评查是指对人民检察院已经办结的案件，依照法律和有关规定，对办理质量进行检查、评定的业务管理活动，是检察机关对已办案件进行管理和监督的重要抓手，是提升办案质效、规范司法行为的重要举措，是适应司法责任制向纵深推进的现实需要。最高检在全国检察机关第二次案件管理工作会议上提出，案件质量评查必须统一，每一起办结的案件原则上都要进行质量评查，建立案件质量评查智能化辅助系统等工作要求，为案件质量评查工作的深入发展指明了工作思路和方向。此次会议，标志着案件质量评查从抽查式评查迭代升级为全覆盖的案件质量评查。这不仅是在工作层面对评查案件的数量增加和覆盖面的拓展，还是从理念层面对案件质量评查模式的革命性重塑，是主动顺应“高质效办好每一个案件”的价值需求。在此背景下，案件质量评查全覆盖的重要意义更加凸显。如何结合检察工作实际，进一步完善案件质量评查工作，以案件质量评查全覆盖为抓手，将高质效管好每一个案件助推“高质效办好每一个案件”落到实处。

## 一、 案件质量评查全覆盖的内涵

2017 年，最高检印发《人民检察院案件质量评查工作规定（试行）》（以下简称《评查规定》），该规定明确了案件质量评查工作的基本要求、评查方式和评查程序等，为各地检察机关开展案件质量评查工作提供了统一的依据和规范的要求。根据此规定，案件质量评查的主要方式有常规抽查、重点评查和专项评查，抽取每位检察官当年办理的案件数不少于本人办案量的 5%，且最低不少于 2 件。可以看出，目前的案件质量评查是一种抽查式的评查方式。这也是基于当时处于司法改革初期的背景所作出的符合实际情况的规定。但是，随着司法责任制改革的深入推进和“四大检察”法律监督工作新格局的确立，以高质效管好每一个案件助推“高质效办好每一个案件”成为新时代案件管理工作的主要任务。在此时代背景下，2024年1月，最高检印发《关于加快推进新时代检察业务管理现代化的意见》，提出深化案件质量评查工作的要求。案件质量评查是精准评价具体案件质量的基本方式。推广开展交叉评查、提级评查、异地评查，有条件的院可以探索对所办案件进行普遍评查。普遍评查的提出与最高检提出的扎实推进“每案必评”试点工作不谋而合。通过对最高检文件精神的解读，本文认为，案件质量评查的全覆盖不同于以往的抽查式的评查方式，对案件质量评查工作的内涵提出了更高的要求，具体体现在以下几个方面。

### （一）案件质量评查的全覆盖是“四大检察”所有检察业务的全覆盖

目前，案件质量评查的范围没有做到全覆盖，可以集中概括为“三多三少”：一是刑事案件的评查较多，民事、行政、公益诉讼案件的评查较少；二是一般刑事检察案件的评查较多，刑事执行检察案件、未成年人检察案件、控告申诉检察案件的评查较少；三是一般刑事检察案件的审捕、审诉案件的评查较多，侦查监督、审判监督等诉讼监督案件的评查较少①。现阶段开展案件质量评查刑事检察的案件，更多的是将评查范围限定在捕后作不起诉的案件，提起公诉后检察机关又撤回起诉的案件，法院判决无罪、免予刑事处罚的案件。

案件质量评查的对象是已经办结的案件。具体包括哪些案件没有具体的规定。但是，有案件办理就会有案件管理，二者是辩证统一的关系。特别是2019年以来，检察机关确立了“四大检察”的法律监督新格局，检察业务也随着新时代的发展要求由原来的十大

① 中国军：《案件管理实务精要十二讲》，中国检察出版社2023年版，第158页。

业务逐步扩展到了检察侦查和知识产权检察。案件质量评查的范围也应该顺应法律监督新格局的变化和新时代发展的要求，做出相应的调整。这就要求案件质量评查的范围改变重刑事轻民行公的倾向、重一般刑事轻刑执未检的倾向、重捕诉轻诉讼监督的倾向，聚焦“四大检察”所有检察业务开展全覆盖的案件质量评查，即“每案必评”。

### （二）案件质量评查的全覆盖是员额检察官的全覆盖

目前，河北省邢台地区的检察机关开展案件质量评查工作主要有三种方式：一是配合省院组织的一季度一评查，抽查邢台地区检察机关的案件；二是自行组织开展的评查，有的时候是案件管理部门组织开展，有的时候是业务部门组织开展；三是政法委组织开展。案件质量评查工作由于评查主体不明确和没有常态化开展两大原因，导致没有专设评查员，评查案件数量少的话，评查员是案管条线自行解决，案件数量多的话就需要业务部门的配合。这就导致评查员不重视评查工作，在评查案件的过程中大多找一些程序性问题、文书制作或卷宗装订的问题。

其实，案件质量评查的主体到底是谁？《评查规定》第 6 条有明确的规定：案件质量评查工作应当在检察长的统一领导下，由案件管理部门、办案部门依照本规定第十五条的分工组织开展。根据该规定，评查的主体应该为案管部门和办案部门。但是，办案部门作为案件质量评查的主体也是受到质疑的，因为办案部门既负责办案又负责评查自己部门的案件，也就是既当运动员又当裁判员。随着新时代检察发展的要求，“每案必评”试点的全面推开，案件质量评查的主体就会回归到案件管理部门。

邢台市检察机关作为“每案比评”的试点院，试点方案规定全市所有员额检察官担任评查员参与案件质量评查，检察官助理可以协助检察官开展案件质量评查工作。采取检察业务应用系统的随机分配轮案机制，对于刑事案件，将刑事案件办案检察官分为两个组，A 组为基层院所有刑检员额检察官，在基层院办结的案件不分配给本院评查的前提下，随机分配给他院员额检察官评查；B 组为市院所有刑检部门所有员额检察官，在市院办结的案件不分配给本部门评查的前提下，随机分配给他部员额检察官评查。对于民事、行政、公益诉讼案件，分别成立由市、县两级院民事、行政、公益检察官组成的民事案件评查组、行政案件评查组、公益案件评查组，在民事、行政、公益办结案件不分配给本人评查的前提下，随机分配给其他本组员额检察官评查。

## 二、 案件质量评查全覆盖的实务困境

案件质量评查全覆盖无疑是对现行案件质量评查工作的创新突破。各地在推进案件质量评查工作过程中，也探索了一些比较好的做法。比如，上海市检察机关由专职评查员进行评查、江苏省检察机关探索的智能评查，但都难以全面适应新时代案件管理工作现代化发展的要求。

### （一）现有评查难以适应案件质量评查全覆盖的要求

《评查规定》明确案件质量评查的主体是案管部门和业务部门。在检察实务中，各地检察机关开展案件质量评查工作根据内设机构人员配备和评查工作的实践，形成了比较常见的案件管理组织评查、专职评查员评查和智能化评查。

案管组织的案件质量评查，这种方法主要适用于案管人员较少的基层院，主要是从业务部门抽选人员担任兼职评查员，进行案件质量评查。业务部门的检察官或检察官助理担任评查员，容易将案件质量评查工作混同于办案，陷入既当运动员又当裁判员的困局。

在当前业务部门本身办案压力较大的现实情况下，难以实现高质量开展案件质量评查全覆盖的要求。

专职评查员进行案件质量评查，主要适用于案管部门设置专职评查员，由专职评查员开展评查。这种评查方法做得比较好的是上海市检察机关，在案件质量评查职能划转至案管部门时，实行了人和职能的整体划转，因此长期以来一直采取的专职评查员模式。这种模式由案管部门组织案件质量评查工作，专职评查员承担了全市 90% 以上的案件质量评查任务。① 这种案件质量评查模式的专业性比较突出，专职评查员要求具有业务部门的办案经历。但是，专业性一定程度上会导致局限性，面对"四大检察"所有检察业务全覆盖的要求，单纯依靠专职评查员难以胜任，基层院人员较少的案管部门设置的专职评查员，不可能所有检察业务都精通。

智能化评查，这种方法是部分检察机关顺应检察数字化改革的深入推进，运用智能化评查手段开展案件质量评查。这种评查方法做得比较好的是江苏省检察机关。江苏省依托案件质量评查 3.0 系统进行线上智能评查，具体操作模式：评查员按评查程序完成网上评查后将初评意见及问题推送给案件承办人确认，承办人将意见反馈给评查员，若提出异议的，由评查员审核理由是否成立，并对案件扣分项作出相应调整，收到承办人意见后制作评查报告，将评查结果通知书推送给被承办人。② 智能化的评查模式，实现了一条高效快捷的评查路径，但是案件质量评查需要对实体进行认定，具有价值判断的属性，难以确保评查结果的准确性。这种模式仅适用于少数案件类型和少数问题的筛查，难以适应案件质量评查全覆盖的

① 葛建军、周霞琴：《科学推进案件质量评查的体系化建构——以上海市检察机关的工作实践为样本》，载《人民检察》2019 年第 12 期。

② 李前国、尹红、王明君：《检察机关开展案件质量异地评查的创新实践——基于对江苏省检察机关案件评查系统的考察》，载《中国检察官》2021 年第 21 期。

现实需求。

## （二）案件质量评查全覆盖导致案多人少的矛盾加剧

案件质量评查的全覆盖是“四大检察”所有检察业务的全覆盖，包括普通刑事检察业务、重大刑事检察业务、职务犯罪检察业务、经济犯罪检察业务、刑事执行检察业务、民事检察业务、行政检察业务、公益诉讼检察业务、未成年人检察业务、控告申诉检察业务、检察侦查检察业务和知识产权检察业务等。案件质量评查工作主要依靠人工开展，评查人员需要查阅评查系统上的检察内卷对案件的事实认定、证据审查和采信、法律适用、办案程序、业务系统使用、文书制作等进行全面评查，指出存在的问题，撰写案件质量评查表或重点案件评查报告。案件质量评查全覆盖将直接导致案件评查工作量显著增加，在参与评查人员数量维持基本不变的情况下，全覆盖要求的提出无疑将会以数倍计地增加工作量。这样，就会导致案多人少的现实矛盾进一步加剧。

## （三）现有智能辅助软件难以适应评查全覆盖的要求

2021年以来，检察业务应用系统2.0设置了案件质量评查模块，特别是检察数字化改革的深入推进，各地检察机关根据案件质量评查工作的需求研发本地化的评查系统。河北省检察机关也在推广结合本省实际的案件质量评查系统。智能化评查能够实现自动检测并推送案卡填录问题、文书制作方面的问题。比如，各类日期、嫌疑人姓名、引用法律条款、文字表述规范性等问题，以及立卷问题等。案件适用的范围仅限于判处3年以下的轻微刑事案件。目前，河北省及全国其他地方的检察机关探索的智能化评查都无法满足案件质量评查全覆盖的要求。

## 三、 案件质量评查全覆盖的实现路径

案件质量评查全覆盖是顺应新时代检察机关高质量发展的迫切需要；是适应“四大检察”所有检察业务检察监督新格局的应有之义；是落实以高质效管好每一个案件助推“高质效办好每一个案件”的必然要求。在检察实务中推行好案件质量评查全覆盖工作，需要系统梳理刑事、民事、行政和公益诉讼检察的办案规范，完善相关机制和现有的案件质量评查系统，探索“人工 + 智能”相结合的案件质量评查模式。

### （一）探索“人工 + 智能”相结合的案件质量评查模式

提高案件质量评查结果的准确性是开展评查工作的关键。在开展案件质量评查工作中，离不开智能化辅助软件，这已经成为共识。但是，对于案件实体的认定，目前的智能评查难以实现。本文认为，案件质量评查全覆盖离不开智能化评查辅助系统，更离不开评查员的人工评查，需要采用“人工 + 智能”相结合的评查模式。为此，邢台市检察机关组建评查人才库，人才库由专职评查员和兼职评查员组成，专职评查员由邢台地区检察业务专家担任。此外，邢台市检察机关的每案必评智能辅助系统获得计算机软件著作权登记证书。目前，邢台市院的做法是将待评查案件进行繁简分流，根据不同的案件类别设定阶梯式评查方式，最大限度发挥现有评查力量的工作效能。现阶段共设置三种类型案件，分别是简单案件、复杂案件和有争议的案件：将事实清楚、证据确实充分，被判处 3 年有期徒刑以下刑罚的轻微刑事案件划定为简单案件，直接采用河北省案件质量评查系统进行智能化评查，缓解兼职评查员的评查压力；将具有重大影响的职务犯罪案件，民事、行政生效裁判监督案件划定为复杂案件，采用“智能 + 人工”的方式开展评查，在适用

智能评查系统开展初查的基础上，组织专职评查员对案件进行复评，确保案件评查全面、准确；将判处无罪、撤回起诉、捕后不起诉及免予刑事处罚等重点案件划定为有争议的案件，严格落实上提一级的评查要求，由市级院统一组织业务专家对案件进行异地交叉评查，深度挖掘地区办案过程中存在的执法司法不规范和办案瑕疵，杜绝类似问题再次出现。每案必评智能辅助系统自2024年4月投入使用以来，邢台地区市、县两级院评查案件2000余件，优质案件4.21%，合格案件95.56%，瑕疵案件0.15%，初步形成全院、部门、员额评查情况画像，从评查率、评查趋势、评查等次分布，多维度多层级为院领导决策服务。

### （二）完善机制解决案多人少的现实矛盾

做好任何一项工作，都离不开一套科学合理的实施方案和切实可行的工作机制。导致案多人少的问题出现，还是因为评查人员较少，并且评查员对评查工作不重视，没有积极性。河北省邢台市检察机关通过两种途径解决这一难题：一是将“每案必评”试点工作纳入一把手工程，加强领导特别是检察长的高度重视，解决评查员不重视案件质量评查的问题；二是制定了奖励机制，充分调动市、县两级院评查员的工作积极性。邢台地区的试点方案规定：案件质量评查数量计入评查人员办案工作量，纳入检察官业绩考核，记入评查员个人司法档案。评查5件案件折抵同类型办案量1件；审核评查案件，10件案件折抵同类型办案量1件。案件质量评查结果应当计入员额检察官和资深检察官助理的司法档案，作为其等级晋升、逐级遴选、入额遴选的重要依据。

### （三）完善智能化评查系统

党的二十大报告指出：“高质量发展是全面建设社会主义现代

化国家的首要任务。”要实现高质量发展，必须积极培育战略性新兴产业和未来产业，形成新质生产力。新质生产力是创新起主导作用，摆脱传统经济增长方式、生产力发展路径，具有高科技、高效能、高质量特征，符合新发展理念的先进生产力质态。要实现案件质量评查全覆盖，需要借助新质生产力，完善每案必评智能化评查系统。河北省邢台地区检察机关每案必评智能辅助系统对于轻微刑事案件能够实现智能化、自动化评查，但对于其他重点刑事案件和民事、行政、公益诉讼检察案件难以实现。我们已在每案必评智能辅助系统中完善刑事案件的评查规则，争取将民事、行政、公益诉讼检察的评查规则嵌入每案必评智能辅助系统。截至目前，建立、健全智能化评查标准 1500 余条，为智能化评查、自动化评查提供了依据和支撑。智能化评查规则以法律文心一言特有的模型、文本解释和知识图谱为支撑，满足对海量数据、知识资源中所蕴含的主体、案件、事实和法律等智能挖掘、全面关联、动态更新和可视化呈现的需求。

# 检察业务数据管理中的“反管理”问题及其对策*

马　涛　陈海潮　温春风　杨　林**

目　次



最高检党组强调，对数据质量负责就是对案件质量负责。最高检案管办申国军主任指出，数据是检察机关司法办案的重要信息资源，“把数据搞准”是案件管理的第一要务。真实准确、及时完整地提供检察业务数据，既是数据管理部门的永恒主题，也是检察机关数据管理者的终身命题。① 然而，当前检察业务数据在生产和管

* 本文系贵州省人民检察院重点课题“检察业务数据管理中的‘反管理’问题及其对策”的阶段性成果。

** 马涛，中共安顺市委政法委书记；陈海潮，贵州省人民检察院案件管理办公室副主任、四级高级检察官；温春风，贵州省贵阳市南明区人民检察院综合业务部四级检察官；杨林，贵州省贵阳市云岩区人民检察院综合业务部副主任、三级检察官。

① 申国军：《检察业务数据管理的理论与实践探析》，载《中国检察官》2021 年第 17 期。

理过程中，存在一些“反管理”问题，对数据质量造成了极大侵蚀。

## 一、 检察业务数据管理及其“反管理”问题

2024 年 10 月 15 日、16 日，最高检先后召开检委会（扩大）会议和党组会议，研究加强和改进检察管理、为基层减负的措施，决定取消一切对各级检察机关特别是基层检察机关的不必要、不恰当、不合理考核，不再执行检察业务评价指标体系，不再设置各类通报值等评价指标，不再对各地业务数据进行排名通报，切实、真正把检察管理从简单的数据管理转向更加注重业务管理、案件管理、质量管理上来，转到对重点案件类型、重点办案领域、重要业务态势的分析研判上来。最高检提出“一取消三不再”，不是不要数据，而是对数据的依赖更强了，是要在保证数据真实、客观、准确的基础上，充分发挥业务数据的分析研判功能，对履职办案质量、效率、效果进行全面深入分析，找准影响检察办案质效的“症结”，为高质效履职办案提供更加科学全面的参考和依据。因而，相较以前，检察业务数据更加重要，数据管理的任务也更重。

有管理就会有“反管理”。所谓的“反管理”，是与管理相对立的一面，本质上是对管理的抵制、干扰甚至是破坏。检察业务数据“反管理”行为，指的是在检察业务数据生产和管理中，通过制造虚假案件、填报虚假数据、恶意利用管理制度“漏洞”等途径，规避正常的业务监管，使得业务数据表面上“光鲜亮丽”，但实际上导致数据错误、运用“走样”的行为。

检察业务数据“反管理”问题的存在，直接影响相关数据的有效性和及时性，严重干扰正常管理决策，明显增加管理难度。最高检不再设置各类通报值等评价指标，不再对各地业务数据进行排名通报，核心目的就是消解各地“数据冲动”，防止“数据美容”造成数据失真。因而，梳理近年来各地检察业务数据“反管理”的行

为表现形式，分析产生问题的原因，并有针对性地提出对策措施，对于遏制检察业务数据生产、管理、使用中“反管理”行为的发生，具有很强的实践意义。

## 二、 实践中检察业务数据“反管理”的主要表现形式

一是“技术性优化”关键业务数据。主要表现就是利用管理制度“漏洞”，使得办案活动表面上符合要求，实质上并没有提升办案质效的行为。比如，为提高内部移送法律监督线索成案比率，通过组织召开办案部门、案管部门检察官联席会议对线索进行事先研判，能够成案再移送录入系统，不能成案的就不移送，确保线索移送成案率100%。又如，为降低诉前羁押数量，在月末或者年终数据即将“扎账”前，要求办案检察官优先起诉未羁押案件，暂缓起诉被羁押的犯罪嫌疑人。有的地方甚至通过与侦查机关进行协调，要求侦查机关集中移诉一批取保候审案件，人为降低诉前羁押数量。再如，对于可能判处3年以下有期徒刑的漏捕案件，承办人不纠正漏捕，而是通过立案监督或者纠正漏诉等方式进行监督。这些行为，虽然形式上没有通过制造虚假案件、虚假填录案卡来“提升”办案数据，但是对提升办案质效没有任何帮助，甚至产生负面影响。

二是“被动牺牲”部分办案质效。主要表现就是盯着上级关注的数据干，对这个“有贡献”的工作就“努力干”，没有的就“选择干”。在数据核查中发现，有的地方检察业务数据会随着上级考核或关注点的变化而出现明显波动。比如，在将自行补充侦查、行政争议实质性化解等办案数据不再纳入考核后，各地均不同程度地出现数据下滑现象。而对于仍然保留在考核体系中的数据，案件承办人则“努力干”，以至于形成“数据冲动”。比如，为增加认罪认罚适用，个别承办人不惜通过降低量刑以求与犯罪嫌疑人达成认罪

认罚，严重影响检察机关形象。又如，为提升认罪认罚量刑建议采纳比率，承办人频繁调整量刑建议，不考虑频繁调整量刑建议所带来的负面效果，有的甚至提前与审判人员沟通协商量刑，严重影响检察机关量刑建议权威性。

三是对部分类别的案件在办案数量上选择“主动躺平”。主要表现就是对存在采纳风险的案件过于保守、谨慎，不敢监督，并通过结果前置缩小案件范围来规避监督意见可能不被采纳的结果。比如，为防止抗诉后不被采纳的结果，主动减少抗诉数量，特别是在年终岁尾，有的地方对于个别能在抗诉期内依法提出抗诉的案件，因担心不被采纳而不及时提出抗诉。又如，为增加民事、行政裁判监督案件监督数量，在受理案件之初就对案件审结情况进行提前研判，选择性开展监督，甚至要求控申部门事先征求民行部门意见之后再移送案件，人为控制监督案件数量。

四是人为操控业务数据制造“虚假繁荣”。主要表现就是通过非正常的沟通协调，建立不必要的办案流程，有的甚至形成“固定套路”办理“注水案”“凑数案”，这类情形在立案监督、侦查活动违法监督中较为常见。比如，有的检察人员在办案时与侦查人员、审判人员、行政机关人员等外单位人员进行事前的非正常的沟通或协商，提前进行分析研判，能够采纳的再录入系统进行监督。又如，有些承办人在得知公安机关即将或者已经立案、撤案后，通过在业务系统里补做相关文书进行监督；有的甚至通过在业务系统中倒签文书日期，无中生有，以假乱真。再如，个别承办人在两法衔接监督中发现线索后，要求行政机关向公安机关移送犯罪线索的同时，立即向公安机关制发《要求说明不立案理由通知书》进行立案监督，不给公安机关立案审查留出时间，抢立不必要的立案监督案件。还如，在发现侦查机关应当立案而不立案时，有的承办人在制发《要求说明不立案理由通知书》进行立案监督的同时，又以侦查机关不立案为由制发《纠正违法通知书》进行侦查活动违法监督，实现“一案两用”。

五是罔顾办案“三个效果”只顾提升办案数据。主要表现就是为了追求数据好看，忽视案件本身的办理效果。比如，在系统中将本应类案监督的案件，拆分为个案进行监督，在同一时间就同一问题或同类问题，向同一单位多次提出监督意见，监督效果严重打折，影响检察机关监督权威。又如，为提高各类违法行为书面提出监督意见数量，对一些轻微违法情形，本可以通过口头提示纠正即可，却在业务系统中制发纠正违法文书进行纠正，有的甚至针对同一或类似违法事项既制发《纠正违法通知书》又制发《侦查活动监督通知书》进行纠正，造成书面监督数据虚增。再如，为提高司法救助数量，不注重救助实效，通过降低个案救助款扩大司法救助面，片面追求救助数量，反而导致司法救助效果不好。

六是通过故意错填、漏填、迟填案卡实现“数据美容”。主要表现就是利用当前检察统计子系统报表每月锁死的数据统计规则，通过故意错填、漏填、迟填案卡，规避负向数据，虚增正向数据。比如，对前一年度的无罪判决、撤回起诉等负向数据先不填录案卡，跨年再填录甚至故意不填录案卡，可以让负向数据“两边不靠”，从而规避负向业务数据。而在虚增正向业务数据方面，主要表现就是将没有实质性开展的工作故意填录案卡。比如，将非纠正漏犯案件故意错填为纠正漏犯，虚增纠正漏犯数据。

## 三、 检察业务数据“反管理”问题产生的原因分析

第一，认识偏差，对数据的理解不到位。检察业务数据是检察机关各项工作的量化体现，客观反映检察履职办案的真实情况，确保数据真实准确是前提和基础。数据真实准确既是数据生命线，也是数据使用、开展监督、服务决策、指导业务的基础。部分领导干

部未能准确把握检察业务数据的功能定位和价值追求，仍然囿于简单的数据管理，在数据的生产、管理、适用的过程中偏离高质效办案要求，为追求排名、政绩，违背司法规律，传导错误的司法理念；谋划部署工作过程中“唯数据论”，造成数据变形、评价走样，实际效果不佳。

第二，考核变形，数据运用不科学。最高检提出“一取消三不再”，不是不要数据，更不是不要管理，而是要把检察管理从简单的数据管理，转向更加注重业务管理、案件管理、质量管理上来，转到对重点案件类型、重点办案领域、重要业务态势的分析研判上来，要在保证数据真实、客观、准确的基础上，充分发挥业务数据的分析研判功能，对履职办案质量、效率、效果进行全面深入分析，找准影响检察办案质效的“症结”，为高质效履职办案提供更加科学全面的参考和依据。而在工作实践中，部分检察院仍然依赖简单的数据管理，检察业务数据运用不科学，考核简单粗暴，检察官在个人正常履职难以达到考核要求的情况下，只好从数据上想办法、出新招，办“注水案”“凑数案”。

第三，奖惩失衡，评价机制不完善。部分检察院设立的奖励和惩罚机制不完善，执行效果达不到预期，造成奖惩失衡的局面。检察官办“注水案”“凑数案”能够实现在短期内将部分数据堆高，在检察官个人考核中取得较大收益，而在被核查通报后受到较小的惩罚，形成“投机者获利，老实人吃亏”的局面，在一定区域内形成错误导向，造成某些地区“注水案”“凑数案”频发。

第四，监管不力，有效监管难实现。随着数据监管方式的不断优化，数据“反管理”的形式也在不断更新，新型数据“反管理”的手段层出不穷。检察机关案件管理部门肩负数据核查的重任，但是案件管理部门总体呈现出人员配置少、流动性大、有其他检察业务经历的检察官占比低、监管任务超负荷等特点，甚至有不少基层检察院案管部门工作人员身兼其他检察业务，既当裁判员又当运动员，造成监管不到位。同时，检察机关的案件种类多、知识更新快，业务之间的信息壁垒、知识门槛愈发明显，这使得监管难以及时跟进、深入监督，客观上进一步限制了对数据“反管理”行为的规制。加之，部分检察官在办理“注水案”“凑数案”过程中方式隐蔽、极具“创造性”“专业性”，对具体检察业务不熟悉不了解的情况下，难以做到有效监管。

## 四、 应对检察业务数据“反管理”的对策

第一，更新理念，抑制“数据冲动”。应勇检察长反复强调，要树立正确政绩观，坚守“高质效办好每一个案件”这个检察履职办案的基本价值追求。要通过多种形式，有效更新检察干警司法理念，引导检察干警树立正确的政绩观，推动各级检察机关正确履行职责，保障和促进检察办案从实体上、程序上、效果上实现公平正义，杜绝“凑数案”“注水案”，抑制“数据冲动”。

第二，健全机制，强化有效监管。遏制数据“反管理”行为，不仅要健全完善案件管理工作机制，更要严格执行规章制度，使各项流程办案按程序操作、按规定办理。一是建立数据“反管理”信息通报机制。对于数据核查、分析研判以及办案过程中发现的数据“反管理”问题，及时向办案部门进行反馈通报，分析原因并提出建议，及时降低办案风险。二是建立数据“反管理”问题整改机制。针对数据“反管理”问题，会同政工、检务督察部门督促办案单位深入整改，实时跟踪整改进度；整改中强化对办案人员的教育培训，不断提高对数据“反管理”行为的发现及整改能力，并形成长效整改机制。三是完善评查、追责机制。紧紧围绕办案质量、效率、效果等内容，深入开展评查、核查，重点发现办案中是否存在规避管理等问题，并将相关结果纳入干警执法业绩档案，作为办案

人员业绩考核及职务职级晋升的重要参考。对核实的数据“反管理”问题，及时、依规对办案人员予以问责。

第三，借力技术，推进智能监管。数据“反管理”行为具有多样性、隐蔽性等特点，深藏于检察办案“汪洋大海”之中。这就决定了遏制数据“反管理”问题必须依靠智能化手段，依靠智能化案件管理系统，弥补人力的短板不足。要建设知识化数字化的流程监控系统、智能化的案件质量评查系统、新型的检察业务数据管理系统，推动实现流程管理自动化、案件评查智能化。比如，贵州遵义市检察院研发了案件质效管理动态监测系统，围绕常见办案不规范问题和案卡填录问题设置了 453 条监督规则，监督点涵盖了“四大检察”，通过对业务数据的自动统计、分析、研判，实现检察业务数据管理由人工管理向数字化、智能化管理转型。同时，还要积极探索利用大数据技术手段，实现对检察办案海量数据的挖掘、分析，总结发现办案风险规律，形成数据“反管理”的问题“特征库”，以及应对数据“反管理”问题的“规则库”，并及时将其融入智能化案件管理系统中，推动对数据“反管理”问题的监督由人工、定期监督，逐步向全面、实时、动态监管转变。

第四，落实“大管理”，提升监管质效。2024 年 1 月，《最高人民检察院关于加快推进新时代检察业务管理现代化的意见》发布，明确建立检察长、检委会的宏观管理、办案部门的自我管理、案管部门的专门管理、其他部门的协同管理相结合的检察业务“大管理”体系。案件质量建设是检察机关的全局性工作，遏制数据“反管理”问题是涉及整个检察机关高质效办案的“大管理”问题，数据“反管理”的监管要强化“大管理”的理念，案件管理部门要充分发挥枢纽作用，融合办案部门的管理，对接其他部门的管理，推动各部门积极参与数据“反管理”的监管，切实提升监管质效。

# 高质效办案要求与流程监控工作的契合与展开

刘　柳　李小峰*

## 目　次



习近平总书记强调，“要努力让人民群众在每一个司法案件中都感受到公平正义”。这是检察机关“高质效办好每一个案件”基本价值追求，也是检察机关要通过办案，在实体上实现公平正义，在程序上做到让公平正义更好更快实现，在效果上让人民群众对公平正义可感受的最高目标。因此，高质效办案对检察机关提出了实体上、程序上和效果上的不同要求。案件流程监控，是指人民检察院正在受理或办理的案件，依照法律规定和相关司法解释、规范性文件等，对办理程序是否合法、规范、及时、完备，进行实时、动

* 刘柳，陕西省宝鸡市陈仓区人民检察院党组成员、副检察长；李小峰，陕西省宝鸡市陈仓区人民检察院综合业务部主任。

态的监督、提示、防控①。因此，在“高质效办好每一个案件”要求背景下，案件流程监控已成为检察机关契合高质效办案要求，规范司法办案行为，强化内部监督制约的重要举措。本文拟以高质效办案对案件流程监控的要求为出发点，深入解析基层检察机关开展案件流程监控工作中遇到的难点问题，并提出强化案件流程监控工作的几点构想，以期促进案件流程监控规范化、高效化、实质化。

## 一、 高质效办案对案件流程监控工作的要求

“高质效办好每一个案件”要以完善的程序标准为保障，这就要求检察机关要严格依法履行程序规定，使其每一个案件的办理都能规范有序，最大限度保障公民诉讼权利，使其获得公正对待。

一是案件流程监控要以规范检察办案程序为前提。办案流程尤其是刑事审前程序多处于封闭化的状态，较少受到外部有力的监督制约。案件流程监控作为检察机关内部监控执法司法行为的一项重要举措，要借助信息化手段，将内部监督事项嵌入办案业务系统，通过实时、动态监控办案的每个环节，及时发现、督促、纠正与高质效办案要求不符的相关违法办案情形，监督检察官正确行使权力，充分激活司法机关的内部监督能量，形成对办案流程的内部可视化监督。

二是案件流程监控要以保护案件当事人权益为要义。检察机关案件办理的每个环节都与案件当事人的权益密切相关。因此，案件流程监控，既要注重保证实体公正，也要保证程序公正，要将对案件程序、文书以及办案行为的实质化监督贯穿于检察环节整个诉讼过程，切实保障当事人的诉讼权利，满足公众对司法的现实需求，

① 参见许山松：《〈人民检察院案件流程监控工作规定（试行）〉解读》，载《人民检察》2016 年第 18 期。

增加人民群众对检察工作的认同感和获得感。

三是案件流程监控要以实质化监督为主要内容。检察机关的内部办案流程，是司法程序的重要组成部分，其规范化程度不仅直接关系到案件的公正与否，而且还会影响社会对司法的观感和评判。因此，高质效办案要求下的案件流程监控工作必须做到实质化的监督，不断强化口头监督和流程监控通知书的监督制约力和强制力，真正使检察办案行为走端走正，经得起程序和实体的考验。

四是案件流程监控要注重深化检察人员的职业保护。严管就是厚爱，司法体制改革后检察官办案已实行办案终身负责制，这就对检察官正确、规范、合法行使检察权提出了更高的要求。而加强案件流程监控的实质就是对检察官正确行使检察权进行有效监督，通过案件流程监控，及时提醒修正办案检察人员执法行为，既保证权力的正确行使，又保证检察官的公正廉洁司法，更是对检察人员职业生涯的有效保护。

## 二、 高质效办案要求下案件流程监控工作存在的问题

流程监控作为一项“事中监督”方式，对发现的检察机关在办案过程中存在问题可以及时有效监督纠正，避免案件办理“带病”流转到案件办结，但在具体司法实践中也存在一些不容忽视的问题。

一是流程监控全覆盖效果不佳。2020 年 9 月，最高检印发《人民检察院刑事案件办理流程监控要点》。根据该要点，一件普通的刑事案件约有 1000 个监控事项，以人工方式开展监督难以实现每件刑事案件全流程无遗漏的监督，以及“案件流转到哪里，监督制约就延伸到哪里”的要求，难免会出现监督盲点。流程监控结果通常通过口头提示或者办案系统反馈给办案人，未纳入绩效考核，对承办人影响力较弱。因此，实践中被监控方置之不理、疲于应付的现

象多有发生，流程监控的应有监督力度大打折扣。此外，监控方专业化程度不高，案管业务线条多，但人员配置有限，而要对全院案件开展流程监控，为提高效率，一般只能借助办案系统智能化开展流程监控工作，较难发现文书法条引用是否正确，强制措施使用是否适当等实质性的问题。同时，案件管理部门与业务部门之间沟通交流不顺畅，信息传达不到位导致业务部门对于流程监控员作出的整改提示的执行效果并不理想，对于潜在的同类问题，在一定程度上欠缺早注意、早发现、早完善的主动性。

二是流程监控工作缺乏刚性约束。流程监控通过对司法办案进行全程、同步、动态监督，强化内部监督制约，关键在于增强严格规范司法办案流程的刚性约束。《人民检察院案件流程监控工作规定（试行）》第 20 条规定："案件流程监控情况应当纳入检察人员司法档案，作为检察人员业绩评价等方面的重要依据"，为流程监控刚性提供了支撑，但规定较为原则，缺乏具体标准和操作细则，流程监控结果尚未得到广泛运用。实际工作中，案件管理部门多采用流程监控通报进行刚性约束，上级通报在一定程度上能够形成压力传导并引起重视，但通报次数、问题数量受限，且所通报问题随机性大，同级通报缺乏约束力难以引起重视，容易因敷衍、推诿呈现出"无力感"，陷入同样的问题反复通报重复出现的尴尬。部分案件管理部门畏手畏脚，不敢监督，监督表面化、浅层化，没有处理好流程监控与服务办案的关系，没有做到寓监管于服务之中，而将主要人力、精力用于收送案件、录入案件、制作电子卷宗等事务性服务，或者局限于"友情"提示办案流程中存在的小瑕疵，又或者监控问题不精准、依据掌握不充分，弱化了流程监控刚性。

三是案件流程监控队伍相对薄弱。流程监控工作不仅要求监控人员熟悉各项检察业务工作程序，更要求熟悉流程监控业务系统操作规范[①]。但在实践过程中，只有案件管理部门设置有流程监控员，且承担其他案管工作，全院的流程监控工作集中于一人，而同一案件在不同办案节点的流程监控内容不同。例如，从受理案件到送案环节，需要审查是否符合受案标准、案卡信息填录、文书制作，强制措施的变更，当事人、辩护人及诉讼代理人权利保障、办案期限，涉案财物的处理、案件信息公开等，仅靠个人来监管全院各条线的流程监控工作是远远不够的。且现有检察业务应用系统在案件流程监控方面没有制定统一规范的操作标准，往往依赖流程监控员的专业知识和丰富的工作经验去发现问题，而大部分基层院案多人少的矛盾比较突出，实践中往往将熟悉业务的检察官放在一线业务部门办理案件，案件管理部门的流程监控员则是新进入检察机关的年轻人，办案经验不足导致有些问题可能被疏漏，需要多次排查才能发现问题，降低了案件办理过程中纠错改错的效率。

四是流程监控工作实效不理想。流程监控旨在强化检察办案内部监督，纠正办案程序中出现的违规、违法及瑕疵性问题。就被监控方而言，由于流程监控的结果缺乏刚性约束力，常用的系统或口头提示不能对其案件办理及绩效认定造成不利后果。因此，实践中，被监控方置之不理、疲于应付的现象多有发生，流程监控的应有监督力度大大折扣。由于缺少流程监控专业人才，流程监控人员更多地借助基于案卡填录的流程监控系统、统计系统等信息化手段查找办案是否超期、权利义务是否告知、文书是否制作使用、案卡填录准确等浅表问题，却难以准确及时地发现并纠正办案活动中存在的采取强制措施不当、文书引用法条错误、不起诉书未送达被害人等重大问题，流程监控的监督范围无法全覆盖。

① 参见申国军：《检察机关案件流程监控工作的检视》，载《中国检察官》2023 年第 23 期。

## 三、 加强基层检察机关案件流程监控实质化监督的建议

把改变走形式、走过场等问题，实质化开展流程监控工作，作为突破流程监控“瓶颈”问题的关键举措，促进流程监控从数量为主向质量为主的转变。

第一，组建流程监控小组，推行多元化监督格局。针对除刑事检察外的民事、行政、公益诉讼等业务条线监控覆盖不到位、监控人才缺乏的问题，基层检察机关应抽调各业务条线熟悉业务的干警和案件管理部门专职流程监控员组建流程监控小组。流程监控小组采用“系统 + 人工”的方式，充分发挥信息化和人工监管合力，由专职监控员统管面性流程监控，各业务条线监控员做好线性流程监控，将重点环节，重点人员、多发易发问题作为重点监控对象，形成监控清单，将问题屡纠屡犯人员纳入重点监控人员名单，推动监控精准化。要充分凝聚办案系统全面监控、专职监控员系统监控、条线监控员细节监控、重点领域重点监控的组织合力，实现流程监控对各项检察业务全覆盖，推行多元化监督格局。

第二，深化监督结果运用，强化流程监控刚性约束。流程监控的结果运用最直接的体现就是刚性约束，流程监控刚性需要通过自身规范权威、考核考评负面评价、跟踪督促整改、责任追究等多种途径进行强化。一是及时反馈监控结果。对日常监控中发现的问题，及时进行分析汇总并提出整改意见，定期进行通报，发挥日常督促作用。二是发挥业绩考评作用。将多次督促仍不整改的问题，纳入检察官业绩考评，通过绩效作用倒逼检察官依法规范办案。三是建立责任追究机制。要将流程监控结果有效运用于检务督察工作中，将对监控结果不予理会，长期得不到整改的情况，反馈至检务督察室，做到及时追责，提升业务监控结果对规范司法办案的

效果。

第三，凝聚流程监控合力，突出流程监控监督实效。一是坚持人工监控与系统监控相结合。充分利用检察业务应用系统、流程监控系统等信息化手段，以系统监控为主、人工监控为辅，实现智能监控、人工监督、及时发现、及时提醒、分类解决，安排专人专岗负责收案、送案、流程监控、律师接待、案件信息公开、涉案财物管理等环节，确保流程监控工作有效开展。二是坚持全程监管与重点监控相结合。案管部门要把好案件入口关、过程关和出口关，重点从强制措施的适用、涉案款物移送、文书制作、办案期限等方面开展案件动态全程监管，实行清单式预警提示，及时向各业务部门反映发现的问题，督促及时整改。对业务部门存在普遍性、倾向性问题开展重点监控，定期向全院发出案件管理工作通报，并要求被通报部门限期整改落实，切实做到“留痕”管理、规范监督。三是强化统筹联动机制。要将案件管理部门与业务部门兼职监控相结合，齐抓共管，形成案件流程监控以案管为主导、以各业务部门为主要力量的监督合力，形成“办案人员一出现问题，监控机制便能发现问题，案管部门便能指出问题，业务部门便能立即改正问题”分工明确协同共管的监控管理机制，真正达到以高质量业务管理促进高质效办案的较好效果。

第四，加强人员分类培训，提升流程监控专业能力。流程监控员不仅要懂业务精通办案流程，更要熟悉统一业务应用系统操作。因此，基层检察机关要在常态化开展刑事检察办案程序、规范要求、监控重点培训的同时，按照按需培训、有针对性培训的原则，加强对检察各个业务条线流程监控员分类别进行培训，内容包含办案程序、系统操作、监控要点等方面，促使监控员全面熟悉各项检察业务，熟练掌握流程监控工作技能，促进流程监控工作专业化。

# 地方专栏·江西

DIFANG ZHUANLAN · JIANGXI

# 检察工作现代化背景下案件质量评查制度完善

葛春瑜　张文玲　潘春红*

目　次



* 葛春瑜，江西省人民检察院案件管理部主任、二级高级检察官；张文玲，江西省人民检察院案件管理部副主任、三级高级检察官；潘春红，江西省宜春市人民检察院第三检察部主任、一级检察官。

（四）评查“走过场”问题较为突出

（五）评查等次认定及结果运用不充分

（六）评查数字化程度不高

三、外部评查机制与实践的启示借鉴

（一）域外比较与借鉴

（二）国内比较与借鉴

四、检察机关案件质量评查的完善路径

（一）进一步强化评查工作的政治方向和根本价值

（二）创新评查机制，探索评查案件化办理

（三）强化评查组织统筹，压实传导评查责任

（四）注重拓展评查结果运用，实现评查目标导向

（五）加快数字化评查系统智能转型

如何强化案件质量管理，切实提高案件质量和效率，是人民检察院加强检察业务管理工作的重要内容。案件质量评查是指对人民检察院已经办结的案件，依照法律和有关规定，对办理质量进行检查、评定的业务管理活动①，是检察机关服务经济社会高质量发展，输出合格法治产品、检察产品的基本环节②，作为新时代检察业务管理的重要内容，其作用持续凸显的同时也被赋予更高的内涵与期待。站在全新的历史方位下，如何适应新时代新征程，不断完善案件质量评查机制，充分发挥质量评查的监督、管理、治理、引领作用，以“高质效评好每一个案件”服务保障“高质效办好每一个案件”，成为当下案件质量评查工作亟待回答的时代之问。

① 参见《人民检察院案件质量评查工作规定（试行）》。

② 申国军：《检察机关案件质量评查的价值目标与组织开展》，载《人民检察》2021年第6期。

## 一、 案件质量评查的价值定位

### （一）案件质量评查是回应“谁来监督监督者”的有效方式

“一切有权力的人都容易滥用权力，这是万古不易的一条经验。”① 检察机关作为法律监督机关，“谁来监督监督者”一直是社会各界关注的重要课题。② 对检察机关的监督离不开法律共同体、社会公众的监督与制约，更离不开检察机关的内部监督与制约。③ 案件质量评查作为检察办案活动的事后监督手段，区别于办案过程中自下而上的审批与监督，以监督但不干预的恰当时机，对案件每一环节、各方面进行全面深入的体检，依法纠错纠偏，最大限度防止错案、重大瑕疵案件的发生，实现对检察机关案件办理的自我监督。以J省为例，2023年，全省检察机关组织常规评查、重点评查、专项评查等评查案件14000余件，实现“四大检察”以及办案检察官案件的评查全覆盖，“动真碰硬”发现纠正了一批办案质量问题。

### （二）案件质量评查是全面准确落实司法责任制的有效手段

继党的十九大报告提出“全面落实司法责任”后，党的二十大报告再次对司法责任制进行了强调，并在此基础上增加“准确”二字，对司法责任落实提出了更高层次的要求。应勇检察长强调，要通过案件质量评查，精准评价具体案件质量，把司法责任制落到实

① ［法］孟德斯鸠：《论法的精神》（上册），张雁深译，商务印书馆1961年版，第154页。

② 李令新：《检察权运行内部监督制约的体系构建》，载《中国检察官》2022年第19期。

③ 曹化、诸春燕、陈思彤：《强化案件质量监督管理的路径》，载《山西省政法管理干部学院学报》2022年第3期。

处。推进案件质量评查工作是巩固深化司法责任制改革的重要配套措施。① J 省检察机关探索将评查纳入对人对院业务考核内容，与干部选拔任用、职级晋升、检察官遴选等相挂钩，选取评查发现的典型案例编写案例警示教育专刊、开展“以身边案教育身边人”实例警示，要求检察长现身说案，真正将司法责任传导到位、压实到位。2023 年，J 省通过评查移送追究司法（瑕疵）责任线索 20 余条，移送司法工作人员职务犯罪线索 6 条。

### （三）案件质量评查是推动“高质效办好每一个案件”的有效举措

习近平总书记反复强调“努力让人民群众在每一个司法案件中感受到公平正义”②。最高检新一届党组提出，高质效办好每一个案件应当成为新时代新征程检察工作的基本价值追求③。检察机关通过开展案件质量评查倒逼检察官规范、高效办好每一个案件，及时反思自身办案存在的问题，预防和减少质量瑕疵，从而达到以评查促质效，以质效保公正的根本目的。J 省建立全员参与评查模式，以评查促推每一名检察官提升办案能力；抓实评查“后半篇文章”，推动全省上下联动整改，举一反三，同时梳理评查发现的办案易错点形成办案质量风险点提示，作为业务部门对下指导及办案参考，实现事后监管向事先预防转变。较 2021 年，2023 年无罪、撤回起诉、判免案件减少近 60%，不服检察机关决定刑事申诉案件减少 70%。

---

① 申国军：《检察机关案件质量评查的价值目标与组织开展》，载《人民检察》2021 年第 6 期。

② 贾卫国、张贵才：《以标准化理念为引领建立案件质量评查标准体系》，载《中国检察官》2021 年第 3 期。

③ 金鑫：《深化把握“高质效办好每一个案件”鲜明时代内涵》，载《检察日报》2023 年 7 月 15 日第 3 版。

### （四）案件质量评查是推进检察业务管理现代化的有效途径

2024年1月，最高检印发《关于加快推进新时代检察业务管理现代化的意见》，着力构建全方位、立体化检察业务管理组织体系，以高质效管好每一个案件助推“高质效办好每一个案件”。案件质量评查是检察业务微观管理的重要内容。① 一方面，梳理一个地区一年或是近年来的评查情况，可以全面了解和评估该地区办案质量运行整体趋势，有针对性地调整管理思路，实现对办案质量的动态管理。② 另一方面，可以总结发现同案不同处理、检法两家分歧点，为推动适法统一提供重要数据样本。③ J省Y市开展立功案件评查，发现在办案过程中立功认定标准不一、立功认定证据取证不全面问题较为突出，会同公安、法院三家共同制定出台《关于办理刑事案件认定立功基本证据标准指引》，统一明确“立功”证据标准。

## 二、案件质量评查的理性审视

### （一）评查机制有待进一步完善

评查方式较为单一。基本依靠调阅卷宗、向办案人员了解情况开展评查，遇到认定问题存在疑问、争议，没有设置调查、听证等相关程序予以明晰，容易造成评查发现问题无法深入、认定问题理据不充分等问题。缺乏承办人救济途径。一方面，评查规定拟评定为瑕疵、不合格的案件应当听取被评查单位、办案人员

---

① 申国军：《以业务管理现代化促进高质效办好每一个案件——科学理解最高人民检察院〈关于加快推进新时代检察业务管理现代化的意见〉》，载《人民检察》2024年第8期。

② 赵丽娜：《数字赋能案件质量评查的路径与机制构建》，载《智慧法治》集刊2023年第3卷（推进教育数字化的法治保障研究文集）。

③ 赵丽娜：《数字赋能案件质量评查的路径与机制构建》，载《智慧法治》集刊2023年第3卷（推进教育数字化的法治保障研究文集）。

的意见①，对于其他等次案件是否需要听取并未明确。实践中，拟评定为合格案件的评查问题往往不反馈承办人或承办单位，导致被评查方不信服。另一方面，案件拟认定为瑕疵、不合格，承办人有异议，提交检察长或检委会决定。至此，承办人救济途径穷尽，再有异议无法向上继续申请复评或是申诉，承办人负面情绪无法得到舒缓。评查结果审定主体无法适应评查新形势。评查规定明确评查结果等次应经检察长或检委会审定。随着案件质量评查越来越重要，各省评查案件量大幅增长，最高检正在开展“每案必评”试点工作，如若评查案件仍均由检察长或检委会审定不太实际，也无形中加大了检察长办案压力。

### （二）专家型评查人才严重匮乏

无论是从评查的内容还是评查结论的得出来看，评查是一项法律性、业务性、政治性极强的工作，不仅要有较高的理论水平也要有丰富的实践经验，特别是对法律政策水平的把握要求很高②。评查规定明确所有员额检察官均具有担任评查员的资格和责任，但实践中各地做法不一，有的在案管设置评查员岗或建立评查小组，专门对具体案件开展质量评查。比如，上海市长宁区检察院从办案部门选任 5 年以上办案经验的检察官充实到案件质量评查队伍，担任专职评查员。③ 有的从各业务条线检察官中吸收优秀人员纳入评查人才库，开展评查时从库中抽选人员担任评查员。有的则是要求全省所有员额检察官参与评查，评查案件数纳入办案量。还有的邀请

---

① 董桂文、石献智：《〈人民检察院案件质量评查工作规定（试行）〉的理解与适用》，载《人民检察》2018 年第 3 期。

② 申国军：《案件管理实务精要十二讲》，中国检察出版社 2023 年出版，第 162 页。

③ 陆晨：《检察机关加强案件质量评查工作的探索与思考——以 S 市 C 区检察机关相关业务数据为基础》，载《第四届全国检察官阅读征文活动获奖文选》。

律师、学者、人大代表等外部群体参与评查。但总体来看，由于评查不同于办案，实践中多数评查人员素能无法与评查工作的高标准高要求相匹配，导致“同案不同等次认定”、评查问题主观评判等问题屡见不鲜。

## （三）评查组织统筹不够精准

评查开展不及时。存在常规评查未在年度绩效考核前完成，重点评查未在案件办结后或发现问题之日起 3 个月内完成、由于案件信息漏填、错填、迟填等原因致使漏评迟评等问题。评查案件选取“偏科”。刑事案件远多于民事、行政、公益诉讼案件，而刑事案件又多抽选的是审查逮捕、一审公诉案件。J 省 2023 年民事、行政、公益诉讼三大检察评查案件 2400 余件，仅占评查总量的 16.9%。评查力度和效果均存在地区不均衡现象（见图 1）。2023 年度 J 省案件质量评查率最高的地市和最低的地市相差约 13 个百分点（见图 2）；不合格或瑕疵案件率最高的地区和最低的地区相差 0.93 个百分点。从评查层级来看，省、市院对评查工作更为重视，工作开展较好，基层院评查普遍较为粗糙。

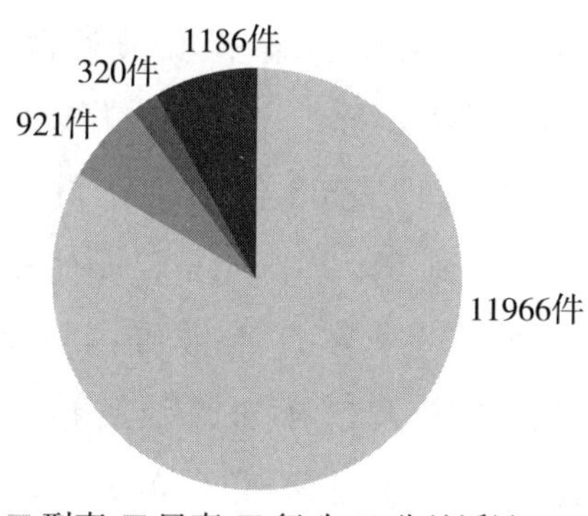


**图 1 “四大检察”被评查案件数量分布**

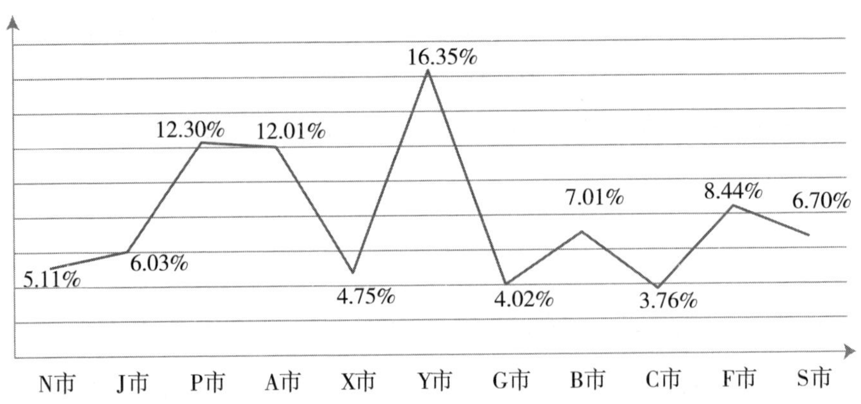


**图 2　J 省各地市案件质量评查案件数占办结案件总数比例情况**

## （四）评查“走过场”问题较为突出

评查程序形式化。案件选取重点不突出，有的特意选一些简单、无争议案件开展评查。评查人员阅卷不充分，对案件事实证据掌握不清不全，随意对案件等次下结论。J 省案件评查检察官联席会议上，人民监督员、业务部门检察官针对案件证据、事实等方面的提问，个别评查员“一问三不知”。发现问题浅表化。多集中在一些案卷装订、系统文书制作、案卡填录类浅表性问题，实体处理、事实认定等深层次问题不多，法律监督线索、违纪违法线索发现较少。J 省某基层院常规评查 63 件案件，没有发现一个问题；某基层院案件评查优质率达到 98.9%，几乎所有评查案件都被评为优质案件。评查报告粗放化。个案评查报告内容简单、结构不合理、说理性不强。有的评查报告大量详细摘抄案卷证据内容，将评查报告写成审查报告。有的评查意见阐述不详实，仅仅运用一两句话简单交代等次认定情况，未结合案件证据和有关法律法规，详细阐明等次认定的理由和依据，评查未真正做到有理有据。

## （五）评查等次认定及结果运用不充分

评查等次认定出现主观归罪和客观归罪现象。有的评查员提出的问题找不到相关的依据、证据予以证实，仅凭工作经验、自身办案理解认定问题；混同规范性问题和质量性问题，将没有违反相关法律、规定但确属不太规范问题认定为质量问题。有的评查员仅根据案件处理结果是否正确区分认定不合格和合格案件，不考虑承办检察官在办案过程的过错性，是否尽到了谨慎审查义务。评查“后半篇”文章抓得不紧不严。评查结果运用不充分导致评查效能发挥大打折扣。评查问题整改不重视，上级院督促跟进不到位，评查完毕了事，下次检查问题仍然存在。评查结果从个案监管推动系统治理、由案向人延伸上做得不够。针对评查发现的普遍性、倾向性问题建立长效长治机制较少，评查结果与干部评优评先、职级晋升、员额遴选退出、选拔任用等方面衔接不够有力。评查导向功能发挥不充分。极少地区会全面梳理评查工作情况，分析办案质量运行整体趋势，从而加强业务管理，引导全体检察人员明晰办案问题风险点，树立正确的办案理念。

## （六）评查数字化程度不高

评查智能化是提高评查效率、缓解当前评查数量与质量矛盾冲突的重要手段，案件质量评查系统上线以来对评查工作的组织提供了较多助力，但仍存在较多的掣肘。目前的评查系统主要解决的是调卷、评查系统留痕问题，其他智能化程度并不高。表现在：在评查案件抽选上，评查系统仅提供一个承载案件选择的平台作用，不支持自动筛选、推荐案件，不能显示被评查案件是否曾经被评查过，从而避免评查的重复性。在具体个案评查中，仅提供评查员阅看案件材料、线上反馈平台，未嵌入详细评查标准、法律规定，无法辅助评查员发现问题和评定案件等次。尚未开发运用简案自动评查功能，仅有人工评查与不评查两个选项，评查报告也无法根据发现问题自动生成。在评查结果运用上，评查系统也无法自动学习问题，自动向同类案件提醒纠错，实现从个案问题到类案治理的评查目的。

## 三、 外部评查机制与实践的启示借鉴

### （一）域外比较与借鉴

1. 美国。司法绩效评估机制主要采取问卷调查形式，呈现以下几个特点：一是评估主体具有广泛性。主要包括律师、司法工作者、当事人、陪审员和法官①。二是评估方式和结果运用的匿名和开放性。参与评估主体匿名，司法绩效的整体结果是法官选任和续任的依据，同时向选民发放。

2. 加拿大。比较典型的司法评估机制是在加拿大新斯科舍省开展的司法发展计划。同样采取调查问卷形式开展。特点在于：一是评估机构的独立性。成立专门的信托机构开展评估，该机构独立于政府以及法律机关，可以接受各种赞助。二是评估主体的自愿性。主要是法官的自我评估和律师对法官的评估两个方面，是否参与评估由法官自愿选择。三是评估内容的多样性。将法律水平、公平性、判决表达和撰写、行为举止等内容设计在调查问卷中。四是评估方式和结果运用的保密性。具体的评估过程以及统计都是保密的形式开展，最终法官得到的也是获得整体法官的评估情况以及自身

① 参见董鑫：《司法正义评估指标体系的理论建构》，中南财经政法大学 2021 年博士学位论文。

的工作质量，便于进行比较，并不对外公开。①

3. 荷兰。使用的是“法律机构强化计划”（PVRO），由荷兰法院中央行政机构的司法委员会具体负责开发的一套质量评估系统，包括一些标准、指数和资料收集方法。呈现以下特点：一是司法资料以集体形式公开，刑事判决在网络上公布，提高刑法实施的统一性以及帮助法官参考。二是不涉及具体法官、具体案件的干预。三是主要用于司法预算分配、改善法官职业水平以及提供统一职业水平参考标准②。

严格意义上来说，案件质量评查机制是中国的创新做法，无论是英美法系的美国、混合法系的加拿大，还是大陆法系的荷兰，均没有针对个案的评价机制，大多是对整体质量或对“人”的整体评价。但评价体系中的一些做法如引入外部评价机制、评估内容的全面性等对完善我国检察机关案件质量评查工作具有启示和借鉴意义。

### （二）国内比较与借鉴

1. 纪委监察。2023 年，中央纪委印发《关于进一步加强和规范案件质量评查的工作意见》（以下简称《意见》），从制度层面上对纪检监察机关案件质量工作进行了规定。《意见》明确案件质量评查要坚持正确政治方向，其根本目的在于强化各级纪检监察机关特别是领导班子对办案工作的政治责任，被评查单位主要负责人作

① 参见董鑫：《司法正义评估指标体系的理论建构》，中南财经政法大学 2021 年博士学位论文。

② 参见董鑫：《司法正义评估指标体系的理论建构》，中南财经政法大学 2021 年博士学位论文。

为案件质量整改第一责任人。[①]《意见》对构建“日常评查、全面评查、专项评查”三位一体推进的案件质量评查工作机制提出明确要求，[②] 并规定评查应当坚持“实事求是、依规依纪依法、问题导向与目标导向相结合”三大原则。

2. 党委政法委。案件质量评查的对象为各政法单位办理的案件。更加聚焦涉法涉诉信访五类重点案件和群众反映强烈、舆论高度关注、涉法涉诉等可能存在执法司法问题的案件。评查内容涵盖办案效果是否实现“三个效果”有机统一、办案人员是否涉嫌违纪违法、是否存在久拖不决等司法作风问题。评查员主要是抽调政法干警以及聘请律师、专家学者参与评查。明确评查意见与原办案单位存在重大分歧，由省委政法委评查专家集体会商研究，如有必要，可以开展复评。

3. 公安。公安部并未出台全国统一的案件质量评查规范性文件，但评查工作已成为大多公安机关提升执法办案水平的重要举措，有的公安机关明确规定每月对所辖区域内办理案件按比例进行抽查。评查工作各地普遍由法制部门组织，抽调法制监督员负责本局、本警种评查和组织下级公安部门案件抽查、交叉评查。评查结果大多根据个案质量评查标准采取百分制打分。评查工作结束通常会召开评查工作汇报交流会或是评查讲评会，与相关办案单位、办案部门交流通报评查情况，并就整改措施进行研判会商。

4. 法院：全国范围内尚未颁布权威、统一的案件质量评查规范性文件，但在各地近年的探索下，已普遍结合本单位实际，制定了

① 金轶：《〈意见〉对案件质量评查提出了什么样的工作方向、定位和原则》，载《中国纪检监察》2023 年第 9 期。

② 邓丽：《〈意见〉对构建三位一体推进的案件质量评查工作机制提出了哪些要求》，载《中国纪检监察》2023 年第 9 期。

相应的评查办法。① 各地法院在评查方式、评查组织部门、评查人员组成、评查程序、评查标准、评查结果运用上较为多样化，普遍实行部门或地区间交叉评查，适用评查质量百分制打分，评查结果通报、追责。

5. 司法行政：司法行政机关主要针对行政执法、法律援助、律师行业案卷、人民调解、公证、司法鉴定、社会矫正等业务开展案件质量评查。笔者查阅了部分省级司法行政机关行政执法案件评查规定文件，以期了解司法行政机关行政执法案件评查现状。如下表所示，司法行政机关在评查内容、评查程序、方式、结果及结果运用方面一致度较高，均设置了复核程序。云南等地评查方式更为丰富。

**部分省级司法行政机关行政执法案件评查现状表**

| | 主体 | 内容 | 程序 | 方式 | 结果 | 结果运用 |
|---|---|---|---|---|---|---|
| 北京 | 法治工作机构负责组织和实施监察、人事部门配合 | 实体程序文书 | 制定方案；组建评查小组；审查评议（两人签字确认）；小组听取意见、复核；通报结果 | 阅卷<br>调查<br>问询 | 百分制，根据分值确定优秀、合格、不合格 | 通报、整改、奖励案卷评查优秀部门 |
| 山东 | 法制工作机构组织，执法机构负责具体评查 | 实体程序文书 | 制定方案；按比例抽选案卷；审查评议（两人分别提出）；评查组织部门复审；异议可申请复核 | 阅卷 | 百分制，根据分值确定优秀、合格、不合格 | 通报、整改、奖惩依据 |

① 赵丽娜：《数字赋能案件质量评查的路径与机制构建》，载《智慧法治》集刊2023年第3卷（推进教育数字化的法治保障研究文集）。

续表

| | 主体 | 内容 | 程序 | 方式 | 结果 | 结果运用 |
|---|---|---|---|---|---|---|
| 云南 | 未明确 | 实体程序文书 | 制定方案；成立评查小组并开展培训；抽调案卷；评分；评查人可以提交小组讨论、组长评定；组长可以提交组织单位评定组织单位审核报告；复评不合格案卷意见反馈（可申请复评） | 阅卷；问询；听取汇报；问卷调查；查阅行政执法行为被投诉情况；现场检查；调查核实 | 百分制，根据分值确定优秀、合格、不合格 | 通报、调离、取消执法资格、作为法治建设成效考核依据 |

纪委监察、政法系统各单位案件质量评查与检察机关案件质量评查有较多共同点。评查坚持政治方向、设置评查复评复核程序、规定评查救济途径、丰富评查方式等一些独特理念和做法值得检察机关学习和借鉴。

## 四、 检察机关案件质量评查的完善路径

### （一）进一步强化评查工作的政治方向和根本价值

检察工作是政治性极强的业务工作，也是业务性极强的政治工作，要始终坚持为大局服务、为人民司法、为法治担当。案件质量评查是对办案工作的全方位政治体检，其根本价值在于助推“高质效办好每一个案件”。应当强化各级检察机关特别是领导班子对评查工作的政治责任，引导从政治高度把握评查工作的基本方向和功能定位，注重强调由各级检察机关统一组织实施，被评查单位作为

整体接受评查，评查发现的问题应在领导班子统一领导下组织整改①，彻底改变评查工作“部门对部门”的矮化现象。探索案件质量评查一体化试点，由省院负责组织把关无罪判决、撤回起诉等重点案件评查，市院统一组织部署对所辖基层院办理案件的日常评查，围绕服务大局、围绕人民群众关注点、围绕司法办案难点堵点选取案件开展专项评查，将案件质量评查作为案件办结后归档前的必经程序②，形成“案件办理—评查定档—案件归档”的检察产品验收流程，推动全体检察人员自觉形成“案件办结必评、发现问题必改”的主动接受监督意识。

## （二）创新评查机制，探索评查案件化办理

以办案标准为参照，设置更为严格的评查程序和评查标准，促进评查最大限度还原办案事实及案件办理全过程，厘清承办人、承办单位办案质量问题，找准办案短板弱项，推动“高质效评好每一个案件”。

1. 建立评查问询、调查、听证等机制。明确评查过程中对案件事实、证据等存在疑问，需要进一步调查核实的，经评查组织单位批准，评查人员可以在被评查单位协助下问询涉案人员、调取相关材料。对拟评定为不合格、严重瑕疵案件等次的，需问询案件承办人，并做好问询笔录。评查意见存在争议的疑难复杂案件可以召开听证会、全院检察官联席会议，邀请听证员、人民监督员、专家学

---

① 邓丽：《〈意见〉对构建三位一体的案件质量评查工作机制提出了哪些要求》，载《中国纪检监察》2023 年第 9 期。

② 鉴于目前评查智能化水平无法适应每案评查的要求，建议可以采取案件质量评查与办案部门质量检查相结合的方式实现案件质量评查成为案件办结后归档前的必经程序的目标要求。J 省积极探索建立办案人员自查、办案部门组织核查的案件质量检查工作机制，将其作为案件归档前的必经程序，并将《案件质量检查表》嵌入检察业务应用系统 2.0 中，作为案件办结后必经程序，实现对相关已办结案件开展每案检查的目标。

者参加，充分听取第三方意见建议。

2. 建立评查救济机制。明确评查发现的问题（违纪违法线索除外）均应当反馈承办人，充分听取承办人意见。承办人对严重瑕疵、不合格结果等次有异议的，经评查小组会议审查后决定是否提交检察长或检委会审定。对检察长或检委会评查决定仍不认可的，设置申诉程序，承办人可以向评查组织单位的上级检察机关提出复核申请，上级检察机关应当选派评查人员进行复核，作出维持或改变下级检察机关评查等次的复核决定。无罪判决、撤回起诉等重要案件评查，无论承办人申诉与否，上级检察机关都应当复核。

3. 适当下放评查结果的核定权限。对拟评定为合格、一般瑕疵等次的案件，承办人无实质异议的，可以明确由评查人员或评查组织部门直接决定结果等次。对拟评定为不合格、严重瑕疵案件，应当提交检察长或检委会审定。评查等次的认定应当从案件处理结果是否正确、评查发现的问题承办人是否存在一定过错等维度主客观统一予以评判。

4. 明确评查报告模板和撰写要求。评查报告应当涵盖案件当事人情况、案情、诉讼经过、各环节承办人情况、评查意见、评查结果等次认定等内容，评查意见、评查等次认定为评查报告的主体部分。评查人员以案件审查报告的标准撰写评查报告，突出评查意见的“实”和评查结论的“准”,[①] 坚持评查证据标准和证明标准，根据每个诉讼阶段当时法律法规的具体规定，结合本案证据详细阐述评查认定的每一个问题现象，具体写明违反法律法规的条款内容，确保详略得当、问题表述有理有据、释法说理充分。同时，又区别于审查报告、起诉书等法律文书，应从审视案件的角度，一一提出案件各个环节的实体、程序等问题，并对案件下一步处理、评

① 中国军：《案件管理实务精要十二讲》，中国检察出版社 2023 年出版，第 162 页

查问题的整改以及发现追责线索、监督线索、违法违纪线索的移送等提出意见建议。

### （三）强化评查组织统筹，压实传导评查责任

加强对评查员选择和评查行为的监督，以专业的评查人才和规范的评查行为压实评查责任。

1. 采取“全员评查+评查人才库专业评查”的多重评查员选择模式。组建专业评查人才库，吸收各业务条线优秀人才，以专门机构、专门人员、专业评查为总体目标，循序推进案件质量评查主体专业化。建立评查人员岗位培训制度，通过实战演练、专项培训、赛训结合等方式，引导评查人员树立“敢于评查、实事求是、依法依规”的评查理念，明确评查聚焦发现重大实体、程序性问题，聚焦发现监督线索、违法违纪线索，提升评查专业素能，使其成长为“检察官中的检察官”。加强专业评查人才库的管理和使用，定期调整人才库成员，确保评查与办案实际不脱节。优化评查分案规则，原则上采用随机轮案，对于重点案件、疑难复杂案件有倾向性地选择评查人才库人员。

2. 引入对评查行为的监督机制。强化案件质量评查与数据质量管理的衔接，抓实数据质量杜绝因案卡信息漏填、错填导致漏评、迟评现象的发生。可邀请检务督察部门或是人民监督员、人大代表、律师群体等外部监督力量参与评查，对评查组织的规范性、评查纪律、评查作风以及评查等次认定的正确性等方面开展监督，提出意见建议。上级检察机关定期组织对下级检察机关评查案件进行抽查，发现评查工作存在的问题通报批评，评查人员存在不负责任、徇私舞弊以及应当发现问题而未发现或者错误认定问题的，严肃追究相关评查责任。

### （四）注重拓展评查结果运用，实现评查目标导向

评查的目的不仅在于发现问题，更在于有效解决影响案件质量的深层次问题。[①] 只有充分运用案件质量评查结果，才能体现价值。[②]

1. 重视评查指导功能。逐项整改销号个案评查问题的同时延伸问题整改效果，通过召开评查讲评会、汇报交流会等方式跟进反思、总结提炼“四大检察”办案质量突出问题，深层次分析被评查地区案件质量整体态势，有针对性地调整业务指导方向和思路，并建立评查问题库，作为业务部门办案风险点。分析梳理公检法适法不统一等问题，加强与相关单位的沟通协作，达成共识，共同推动出台相关办案指引、办案规定。融合质量评查与流程监控、数据监管等业务管理职能，从评查问题提炼监管规则，嵌入数字案管系统，将监督关口前移，切实做到“评查一个、治理一片、评查一时、长治长效”。

2. 强化评查管案与管人的有效衔接。一是将评查结果纳入对下级检察机关业务评价内容。案件质量评查不亚于本案的一次重复办理。二是把评查结果作为个人评价的重要方面。查询评查质量问题应当成为干部评优评先、职级晋升、员额遴选退出、选拔任用等方面的重要参考，作为各级检察机关各类业务评选如优秀办案检察官评选等的重要依据，甚至可以探索与检察官绩效奖金直接挂钩。

① 邓丽：《〈意见〉对构建三位一体的案件质量评查工作机制提出了哪些要求》，载《中国纪检监察》2023 年第 9 期。

② 参见高飞：《案件质量评查相关问题研究》，载《〈上海法学研究〉集刊 2022 年第 3 卷——上海对外经贸大学文集》。

### (五)加快数字化评查系统智能转型

推动评查数字化变革,不断提升评查案件抽选、分流、评查、结果运用等方面智能化水平,构建良性的人机协作关系,由点带面促进评查效能深度释放。

1. 实现案件智能抽样分案。规划和设计更高水平的评查应用系统,对接检察业务应用系统2.0。系统实行评查繁简分流,如将起诉意见书、起诉书、判决书"三书比对"功能嵌入评查系统,[①] 与系统自动比对结果一致的,纳入评查简案范围,由系统自动评查定档;疑难、复杂等重点案件、"智慧案管"软件预警案件等系统自动匹配案件所涉领域的专业评查人才库成员,组建评查小组。智能梳理分析流程监控问题集中、"诉判不一"案件类型、分布地区,动态设定评查案件范围,提醒预警检察机关对大概率质量风险案件进行专项评查,通过科学抽样增强评查的针对性和问题导向。

2. 实现评查问题"系统+人工"比对核查。阶段性研发更为智能的评查模式,嵌入详尽的法律规定、两高指导性案例、不同地区判例等,办案程序与法律法规自动比对,筛查输出程序性问题,系统不确定的,提醒评查人员进一步核实确认。案件事实认定、证据采纳与实体法律、司法解释、指导性案例等智能比对,提示提醒定性、量刑等方面可能存在的具体问题,有助于评查人员把精力集中在发现深层次质量问题上,提升评查的深度和广度。

3. 实现评查报告模板化和评查结果"脸谱"分析。评查报告模板嵌入评查系统,系统生成个案评查初步报告。评查人员人工细化修改后,系统对评查报告的一致性、规范性和阐述的充分性进行智

---

① 上海市宝山区人民检察院、华东政法大学刑事法学院联合课题组,杨永勒、吴羽:《检察机关案件质量评查方法及其智能化发展》,载《人民检察》2023年第7期。

能化纠错提醒。生成更新“办案单位画像”“检察官画像”，以饼状图、折线图等图表形式直观展示被评查单位、承办检察官的办案态势、办案质量情况、办理案件的类型分布等。① 直观呈现案件办理过程的常错点、易错点、重复错点，以便个性化督促纠正问题整改、办案质量自我管理，延伸评查效果。

4. 实现问题类案自动排查。囿于人力、地域带来的信息壁垒，传统的案件质量评查往往就案办案。评查工作数字化转型的重点是要推动从个案治理向类案治理、系统治理延伸，达到“评一案、牵一串、治一片”的效果。② 当评查员在评查过程中发现存疑案件时，可以通过梳理汇总评查问题库，提炼问题规则，设置系统检索功能，自动排查一个地区所办全部案件的类似问题案件，对问题类型进行检索及提示，并导入智能评查系统对高风险问题案件启动评查程序。

① 赵丽娜：《数字赋能案件质量评查的路径与机制构建》，载《智慧法治》集刊 2023 年第 3 卷（推进教育数字化的法治保障研究文集）。

② 赵丽娜：《数字赋能案件质量评查的路径与机制构建》，载《智慧法治》集刊 2023 年第 3 卷（推进教育数字化的法治保障研究文集）。

# 检察监督工作案件化管理机制问题研究

## ——以江西省赣州市人民检察院改革探索为实践样本*

江西省赣州市人民检察院课题组**

目　次



---

* 本文系江西省人民检察院2024年度检察理论重点研究课题“司法责任制视阈下案件管理人员监督管理责任探究——以G市检察机关为研究样本”（课题编号：JXJC2024B18）的阶段性成果。

** 课题组负责人：温朝晖，江西省赣州市人民检察院党组成员、副检察长。课题组成员：何燕春，江西省赣州经开区人民检察院党组成员、副检察长；林霖，江西省赣州市人民检察院综合业务部副主任；张盛良，江西省赣州市人民检察院综合业务部五级检察官助理。

## 一、问题的提出

2014 年开始，随着新一轮司法体制改革深入推进，尤其是 2018 年国家监察体制改革顶层设计在宪法修改中正式入宪，检察机关不再对国家公职人员职务犯罪案件行使侦查权，国家政权组织形式迎来重大变化，传统的法律监督理论面临新的挑战，现有检察权如何支撑起“法律监督机关”的宪法定位，引起学术界和实务界热议。

2018 年 3 月，随着宪法修正案表决通过，检察机关法律监督性质的争论尘埃落定，接下来怎样更有效地担当起法律监督职责，重塑符合检察规律的发展之路是当务之急。有学者认为，在外部环境发生变化的前提下，检察机关不必被动等待，也无须四面出击重新寻求所谓的权力“增长点”，“梳理现存的权力类型并且最大限度释放内在潜藏的监督能量，才是开启自我寻找之路的正确指南”①。在

① 李奋飞：《检察再造论——以职务犯罪侦查权的转隶为基点》，载《政法论坛》2018 年第 1 期。

改革大背景下，该观点无疑切中肯綮，检察机关不能很好地激活自身权能并有效发挥作用，很难保证既有定位永远保留立法中。

基于对改革和现状的深入检视，检察机关陆续提出一些强化法律监督职能的新思路、新探索，其中法律监督案件化管理是颇具代表性并付诸实践的新方案。《“十三五”时期检察工作发展规划纲要》提出“探索实行重大监督事项案件化，加大监督力度，提升监督实效”。2018 年 1 月 24 日，全国检察长会议提出“探索重大监督事项‘案件化’办理模式……善于总结行之有效的监督方式和程序，推动检察监督体系化法治化”。伴随改革的纵深推进和最高检相关工作要求，有的检察机关积极推进监督工作案件化办理的改革探索。有的围绕完善检察监督体系、提高检察监督能力，对案件化的定义、范围、原则、流程设定、办案时限、结案方式等进行了机制层面的研究。[①] 也有的提出了从“办事模式”向“办案模式”转变[②]、构建法律监督事项案件化的工作模式[③]等观点和论证。

最高检强调，“四大检察”内在统一于法律监督这一宪法赋予的根本职责，法律监督是检察机关的立身之本。重大监督事项案件化办理也是实现“高质效办好每一个案件”新时代检察履职办案的基本价值追求的重要途径。在最高检印发的《2023—2027 年检察改革工作规划》中指出，全面强化执法司法活动的制约监督，着力实现法律监督理念、体系、机制能力现代化。法律监督工作已成为新一轮检察改革的重要抓手，与此同时，为了提升法律监督规范化水平，探索重

---

① 2017 年 6 月 15 日，四川省资阳市检察官协会举办了重大监督事项案件化课题研讨会，组织两级检察机关就课题相关问题进行了研讨，形成《重大监督事项案件化课题研讨会综述》。

② 高祥阳：《刑事执行检察应从“办事模式”向“办案模式”转变》，载《人民检察》2015 年第 17 期。

③ 韩晓峰、陈超然：《诉讼监督事项案件化的思考——以侦查监督为分析视角》，载《人民检察》2016 年第 21 期。

大监督事项案件化办理具有重要的理论价值和实践价值。2023 年 10 月，应勇检察长在调研时提出“在严格依法办好案件的同时，对案件以外的法律监督事项，也要积极探索进行案件化办理，参照案件形式管理和监督，规范办理程序，建立完整卷宗，进一步提升法律监督规范化水平”。对重大监督事项案件化办理进一步提出具体要求和方向。2024 年 1 月，应勇检察长在全国检察长会议上指出：高质效办好每一个案件，首先要解决好不敢监督、不善监督、不愿监督的问题。

在这个时代大背景下，2018 年以来，赣州市人民检察院积极探索推进监督事项案件化办理工作，先行先试、积极探索，对监督工作案件化管理进行了认真研究，制定实施《赣州市检察机关关于对检察监督工作实行案件化管理的意见（试行）》，在全市检察机关探索开展检察监督案件化管理工作。在经过六年多的检察实践基础上，赣州市人民检察院于 2024 年进一步完善《赣州市人民检察院重大监督事项案件化办理工作指导意见》，进一步将案件范围明确为十类案件，持续完善规则体系。实践表明，实行监督工作案件化管理，不失为完善检察监督体系、提升检察机关法律监督能力的机制创新，这个创新没有改变检察机关的职能，没有扩大检察机关的职权范围，也不违背或改变既有法律法规，而是在现有法律框架内，用以激活法律监督权能、提升监督刚性的有力举措。本文旨在以赣州市人民检察院 2018 年以来检察监督案件化工作实践为样本，介绍该制度的构造和价值，并对存在的问题和完善措施进行探讨。

## 二、 检察监督工作案件化管理的制度构造及多元价值

### （一）检察监督工作案件化管理的制度构造

1. 理论基础。人民检察院法律监督机关的宪法定位、诉讼监督职能独立性与程序正义理论，这些理论是构成检察监督工作实行案

件化管理的理论基础。① 检察监督工作的理论基础是来源于检察机关的宪法定位和司法属性，是基于司法办案活动规律和程序正义理论，也是基于司法责任制内在要求。

第一，基于检察机关的宪法定位和司法属性。人民检察院法律监督机关的宪法定位，这是检察机关的根本属性，是检察改革的生命线，也是检察监督工作实行案件化管理最根本的理论基础。《中共中央关于加强新时代检察机关法律监督工作的意见》明确指出检察机关法律监督是“国家监督体系的重要组成部分”。党的二十大报告也提出了“加强检察机关法律监督工作”的部署要求。从检察权的性质和功能分析，我国检察权的本质属性是法律监督权，检察权的各种权能都蕴含着法律监督的属性和功能，统一于法律监督，是法律监督的实现方式和途径，其目的和功能都是维护法律统一及其正确实施。在党的绝对领导下，检察机关的法律监督主要是对执法司法机关的办案活动进行监督，是在诉讼程序中履行监督专职。因此，将法律监督工作按照案件办理的方式处理，既符合理论要求，也有司法实践基础。监督事项作为案件，在最高人民检察院相关文件和领导讲话中有所体现，包括在实务界中有一些观点，以及我们的实践探索中也都认同②。同时，由于监督工作的过程是个发

① 樊崇义教授在第九届刑事诉讼监督主题研讨会上指出，人民检察院法律监督机关的宪法定位、公诉职能与诉讼监督职能相分离的“二元论”、程序正义理论这三大理论是刑事诉讼监督案件化办理模式的基础。参见樊崇义：《“关于刑事诉讼监督案件化办理模式的思考”——樊崇义教授在第九届刑事诉讼监督主题研讨会的总结致辞》，载微信公众号“京检在线”，2018 年 11 月 2 日发布。

② 例如，《最高人民法院、最高人民检察院关于民事执行活动法律监督若干问题的规定》第 4 条规定：对民事执行活动的监督案件，由执行法院所在地同级人民检察院管辖。这不仅提出了“民事执行监督案件”的概念，而且明确了案件管辖的检察院。又如，2019 年 3 月，《江西省人民检察院检察建议工作实施细则》第 4 条规定：全省检察机关提出检察建议，应当实行案件化管理，符合案件办理的基本要素，由独任检察官或者检察官办案组办理。制发检察建议应当在统一业务系统中进行，实行以院名义统一编号、统一签发、全程留痕、全程监督。

展和不断变化的过程，无论其案值是大还是小，是重大监督工作还是相对而言的一般性监督工作，案件本身客观存在，只要经过了法定程序过滤、甄别和确认，就可以列入案件化管理的范围。明确这一点，有助于更好地实现工作精细化、质效最大化，更准确、更精细地考核检察官绩效，推动检察工作的改革和创新发展。

第二，基于司法办案活动规律。自侦职能转隶后，检察机关的几项核心权能中，主要体现在诉讼职能（如公诉、侦监）与诉讼监督职能（检察监督）。过去，理论界、实务界曾长期存在诉讼（公诉等）职能与诉讼监督职能合一或相分离的“一元论”“二元论”①的纷争。但无论是“一元论”还是“二元论”，都不否认诉讼监督工作的独立法律地位和重要性。也都着眼于如何更加符合监督工作规律，使检察机关国家法律监督作用有效发挥，让宪法性质得以体现来展开。过去实践中，由于工作精力主要放在职务犯罪侦查和批捕、起诉等传统诉讼业务上，往往导致监督工作说起来重要、忙起来不重要，监督活动经常是依附在批捕、起诉等诉讼案件中，不具有审查逮捕、审查起诉类案件办理所具有的独立法律地位。公诉工作、侦查工作和诉讼监督工作虽然都可以由检察机关统一行使，但三项职能行使的程序、客体、方式、方法大不相同，都有其独特的办理理念和办理方式。实行监督工作案件化管理，突出办理诉讼监督案件的独立程序和应用法律地位，在制度设计上，与公诉、批捕程序适当作些区别，分别反映和体现诉讼活动规律和诉讼监督规律的要求，则更为合理。

第三，基于程序正义理论。“正义不仅应得到实现，而且要以人们看得见的方式加以实现。”程序正义被视为是“看得见的正义”。监督工作既然是案件办理，也就要讲究程序，而程序正义又

---

① 参见樊崇义：《法律监督职能哲理论纲》，载《人民检察》2010 年第 1 期。

保证了监督结果的正当性和监督意见的说服力。过去，常把监督与事项联系在一起，监督被当作是办事而非办案。从程序的理论来看，办案与办事是两种大不同的工作模式，办事具有机动性、封闭性、追求效率和结果、强调执行性等特征；相较于办事，办案具有程序性、证据性、开放性、救济性等基本规律。由于缺乏案件办理的基本要素，监督工作事项化办理不可避免出现随意性、不规范性，也就一直是检察机关规范司法行为专项整治工作的重点。将监督工作列入办案范围，就要按照办案活动规律建立起监督工作的规范化、透明度，解决过去监督工作有职权无程序等弊病，推动法律监督工作进一步实现规范化、流程化和法治化，唯此才能推动检察人员树立、养成共同的执法司法理念，建立监督与被监督的良性关系，实现监督者与被监督者双赢多赢共赢。

第四，基于司法责任制内在要求。司法责任制改革的核心，是“谁办案谁负责、谁决定谁负责”，它要求司法人员工作职责、工作流程、工作标准明确，办案质量终身负责和错案责任倒查问责有载体。要使司法责任在监督工作中得以体现，首要的任务就是建立健全以“案件”为可量化、可考核的监督业务体系，才能真正将“谁办案谁负责、谁决定谁负责”的价值目标，以及司法责任的认定和追究机制落到实处。① 从另一个角度看，如果监督工作没有“案件”作为管理基础，没有“案件”作为责任载体，不仅在法理上说不通，而且司法责任的落实也无从谈起。此外，若把办理监督工作以办事对待，那么对监督工作的绩效考核与普通工作难以区分，检察官开展法律监督既没有职责要求，也缺乏内生动力，检察监督工作弱化、虚化、边缘化的顽疾势必难以根绝。

2. 基本要素。实行案件化管理，就要考虑是否符合管理学的基

① 上海宝山区院课题组：《法律监督案件化研究》，载上海市人民检察院内网。

本原理，实践中能否抓住案件化管理的关键要素，决定监督工作能否真正实现案件化管理。从管理学的角度来看，监督工作案件化管理，内含案件、事实、程序、证据和主体五个方面关键要素。

一是案件要素。案件要素，即案件化管理的内容及法律监督工作是案件。哪些监督工作是案件化管理的内容，即科学界定哪些法律监督工作归结为办案，这是实行监督工作案件化管理的前提问题。《现代汉语词典》把案件解释为“有关诉讼和违法的事件”，《辞海》把案件解释为“涉及法律问题，须司法机关立案受理的事件”。由此可见，检察机关所办的案件包括诉讼案件和诉讼违法案件等不同性质的案件，有狭义和广义之分。狭义的案件指诉讼案件；广义的案件涵盖了检察官的所有履职活动，包括检察官办理的诉讼案件和监督案件。办理诉讼案件具有独立的意义，办理监督案件同样具有独立、实际的意义与价值，监督工作成为案件，在理论与实践上都没有障碍，只要经过了法定程序过滤、甄别和确认，无论其是否引起一个诉讼事件，都可以成为一个法律概念，就可以列入案件化管理的范围。

二是事实要素。所谓事实要素，是指实行案件化管理的法律监督工作，有据以认定的事件和行为，也就是法律事实。适用监督程序解决问题的第一步就是认定法律事实，法律事实是开展检察监督活动的逻辑起点。法律监督活动都不乏案件化的法律事实，离开了事实要素，检察监督工作也就无从启动，自然也不会出现案件化管理的后续结果。

三是程序要素。案件化首先是程序化、规范化。法律监督权是法定的职权，监督工作不能是随意的监督，而应当是一种程序化的监督，必须按正当程序来运行。从办案要求上看，完整流程应当包括线索受理、立案、调查、审查、决定、实施、救济、跟踪、结案、归档等过程。实际运行过程中，也可以根据实际情况、案件大小、情节轻重，进行繁简分流、差异设置。

四是证据要素。证据是司法办案的核心问题，办案的主要任务就是通过收集和固定证据，以形成完整证据链条回溯和证明案件的法律事实，并依照法律规定对案件作出判断。注重监督工作办理的证据化，是案件化的题中之义，尤其监督办案主要针对执法、司法活动展开，被监督的主体主要是执法、司法机关及其工作人员，监督工作应当更加重视证据的收集、固定、认定以及有关证据规则的构建。实践中，有必要根据不同的监督案件类别，建立有别于批捕起诉等普通诉讼类案件的差异化证据规则。

五是主体要素。监督工作案件化改变了监督工作的办理流程，把内部流程管理与外部程序再造结合，必然要求对现有办案机制相应改变，主要体现在检察机关新型办案组织的确定，以及新的司法办案机制的设置上，要有助于提升监督能力、促进监督工作体系完善等目标的实现。按照司法责任制的要求，针对监督工作的特点，根据监督职责的需要、案件类型及案件的复杂难易程度，建立独任检察官或者检察官办案组的办案组织；在内部流程管理上，有必要建立信息共享、情况互通、密切配合的衔接工作机制；在外部工作机制上，核心是建立健全调查核实机制，让调查核实的过程成为监督工作的重要内容和主要途径。

3. 基本特征。

第一，监督启动有立案程序。办案不同于办事，办事的启动要随意得多，可依申请、可依指令、可依职权，对于何时或在哪个环节着手，没有硬性或原则上的要求。一般来说，实践中监督办案大致可分为三种情形：一是对于一些轻微违法情形，可以提出口头纠正意见或者建议；二是对于一些严重违法情形，依法提出书面纠正意见或检察建议；三是发现相关执法司法人员涉嫌职务违法或职务犯罪的，依法处理或者办理。对于这些情形，只有通过立案才能进行合理的甄别与筛选，最大限度使案件启动纳入正当程序的约束之中。无论何种情形，既然作为案件，就应当遵循办案启动的范式，只有经过受案、立案相关手续，才能产生案件办理上的法律效力。

第二，监督结束有监督结案报告。监督工作作为案件进入办理程序后，需要有一个事实认定、证据分析，并在此基础上做出案件结论的过程，这个过程就需要诸如监督结案报告的法律文书来体现。对于是否存在违法情况、是否应当提出书面监督意见等，检察机关及其承办检察官均应提出明确的观点和结论，并要有一定的释法说理。因此，案件化管理还涉及事实认定、证据采信、法律适用、文书使用和制作等配套机制，这些均需以监督结案报告为载体。

第三，监督完毕要以案卷的形式归档。作为司法活动和司法案件，必然要求办案过程和行为全程留痕。为此，除获取的相关证据材料、认定案件事实外，还应当形成相应的内外部法律文书，并由此建立法律监督案件的监督卷宗，确保线索受理、立案、调查核实、审查决定、事实监督、跟踪反馈、复议复核、结案、归档及相关证据材料与事实认定等每一个环节都有痕有印，据以体现完整管理流程，使监督工作与司法责任能够衔接，确保检察官办案责任制得以实现。

### （二）检察监督工作案件化管理的多元价值

管理的意义，在于更有效地开展活动，改善工作，更有效地满足客户需要，提高效果、效率、效益。引入办案领域，监督工作案件化同样符合管理的基本原理，同时也有其独特司法价值。

1. 有助于重塑法律监督宪法定位的社会认知。对检察监督工作实行案件化管理，检察机关以办案形式向社会产出高质量的检察监督产品，既能充分释放出检察监督理论的实践效能，又能客观准确地向外界反映出检察制度体系的应有价值，以及检察人员实际工作量，对于提升公众对检察工作的更深层次理解，重塑检察机关的社会认知、巩固检察机关宪法定位的意义重大。

2. 有助于增强检察机关监督认同、加大监督工作力度。检察监督缺乏刚性，除了与监督工作程序设置不够清楚、刚性约束手段不足等客观原因有关外，根本上在于长期以来检察人员自身监督意识不足、把监督工作当作一般事项办理，以及主要精力投放失衡等因素。实行监督工作案件化管理，势必彻底改变原有的工作模式，“使得诉讼监督由软变硬、由虚变实、由模糊不清到明晰可用，将诉讼监督落到实处”①。

3. 有助于保障检察机关法律监督品质。过去的实践中出现了很多监督质量方面的问题，比如，监督活动的启动不严格，监督过程简单，办案规范落实不到位；结案标准不明确，案卷材料留存缺乏统一标准，卷宗和归档要求不具体；等等。这些不足又给“数字监督”“柔性监督”等问题留下了空间，也使监督不力、违法监督等问题屡纠不绝。实行检察监督案件化管理改革，一方面可以构建严密的监督规范和管理流程，使得监督事项从监督线索的受理、立案、调查、处理、终结到卷宗归档，都有章可循、有制度可依；另一方面，可以切实改变过去监督程序不够全面规范、监督过程缺乏处处留痕、发现错误无法追责等情形，从而更好地提升检察监督规范化水平和监督工作的质效。

4. 有助于更加科学合理准确地考核员额检察官办案绩效。过去，人们习惯性认为反贪反渎与批捕起诉、抗诉等诉讼案件才是办案，很多监督工作因附随在诉讼案件办理中未被当作案件，办案数

① 参见樊崇义：《“关于刑事诉讼监督案件化办理模式的思考”——樊崇义教授在第九届刑事诉讼监督主题研讨会的总结致辞》，载微信公众号“京检在线”，2018 年 11 月 2 日发布。

量统计上也仅保留对立案监督、侦查活动监督、审判监督和监管场所与执行活动监督等有限几类的监督工作。检察机关每年向人大的工作报告和向社会公布的办案数，不符合检察官履职的真实状况，也不能使人大代表和社会大众全面了解检察院的实际办案数。司法责任制改革之后，监督办案如果没有量化，既难以科学考核员额检察官的办案数量，又影响检察官开展监督工作的积极性、主动性，如果检察官办理的监督工作发生错误也难以认定司法责任。实行监督工作案件化管理后，可以使监督工作与司法责任制衔接，为巩固司法责任制改革成果、全面落实检察官办案绩效考核打好基础。

5. 有助于提高检察监督公信力。实践中，无论是相对温和的口头建议，还是较为正规的书面纠正，想要获得监督对象的自觉接受均不容易。深层次的问题在于，目前的立法设计，对于检察机关的法律监督意见，相关权力主体存在不必接受的决策选项，在自侦职能转隶又缺乏必要约束的基础上，检察监督刚性不足的问题就更加突出。有学者提出，“检察机关完全没有必要将监督的落实情况与自身的法律地位挂钩，而应更加重视意见建议的规范性与合理性”“破局的路径依赖则还要着眼于监督模式的转变”①。因为规范力决定公信力，公信力影响生命力，“一旦法律监督所内附的说理性得以凸显，被监督方更易心悦诚服地予以尊重，这样就不必再诉诸任何强制手段的施压。较之职务犯罪侦查权所营造的威慑效果，面向权力来源的公开化机制或许更好”②。实行监督工作案件化管理，建立严格的程式化要求，对监督工作的结论将需要更多的事实认定和法律论证，无疑将促使检察人员更多关注监督结论的规范性、说理

① 李奋飞：《检察再造论——以职务犯罪侦查权的转隶为基点》，载《政法论坛》2018 年第 1 期。

② 李奋飞：《检察再造论——以职务犯罪侦查权的转隶为基点》，载《政法论坛》2018 年第 1 期。

性与合理性。通过程序确定和监督标准的统一，既能够克服和防止监督的随意性，使监督更加有效地实现其目的，又能够赢得公众包括被监督机关对检察机关诉讼监督的心理认同和尊重，从而更大程度上增强检察机关的司法公信力。

## 三、 检察监督工作案件化管理的赣州实践及其主要成效

2018 年以来，赣州市检察机关着眼于深入落实最高检“高质效办好每一个案件”的检察履职要求，从规范履职程序入手，以内在需求为导向，积极探索实践监督工作案件化管理，促进了监督质效提升与队伍能力提高。

### （一）探索更新检察监督职能理念

随着三大诉讼法陆续修订和实施，过去长期大量存在的检察监督工作事项化办理模式已不适应要求，必须加强政策法律的学习与理解，更新理念，创新思维。基于监督工作案件化原理和发展需要，要求全市检察干警在开展检察监督工作案件化管理工作中更新和树立以下理念：

1. 监督主责主业的理念。法律监督是检察机关的立身之本，也是主责主业，要敢于监督，善于监督，勇于自我监督。为保证履职监督工作“建议、提起”质效，必须规范、严谨，由过去“办事”思维向“办案”转变，检察机关要依法履行职责的所有监督工作，不管事情大小，不论最终监督结果，全程都在法律的框架内，规范操作，留痕备查。

2. 程序规范理念。对依法开展的检察监督工作，应当严格依照法律相关规定，认真执行《检察监督办案基本规范》。实行监督工作案件化管理，不是突破现有的法律规定去开展监督工作，而是对开展监督工作的内部管理方式进行调整。监督工作严格依照法律规

定和相关司法解释进行。同时，要求结合具体实际，对不同类型的监督案件，制定具体的办案程序与质量标准，以更好地规范监督工作，确保监督质量。

3. 监督工作卷宗化理念。案件化管理必须做到对每一起检察监督案件，都单独进行立卷，并在结案后及时将案件的相关材料按照档案管理的有关规定装卷归档。只有对监督工作实行卷宗化管理，才能有可管控的载体，使监督办案在立案环节、调查环节、取证环节以及审结环节的文书、材料都能够具体化、明确化、标准化，使执法的每个环节的要求都能细化、量化。只有全面实行卷宗化，后续加强办案流程控制，实施质量预警监控，加强执法责任体系、考评体系和监督体系建设，才能得到有效施行。

4. 监督办案法律地位相对独立的理念。在开展监督工作案件化管理过程中，将监督工作限定在检察机关依照法律规定履行的对外监督职责范围内的事项，如纠正违法、纠正漏捕、漏诉等，不包括审查逮捕、审查起诉、提起公诉、抗诉、提起公益诉讼等诉讼性质的行为，也不包括检察机关开展的案件评查、流程管理、检察长监督过问等内部监督工作。对因当事人申诉控告、工作中发现司法人员、行政人员违法线索，按照监督案件程序办理后，需要提起抗诉或公益诉讼的，应分别按照监督案件和诉讼案件进行管理。比如，受理民事当事人申请后，审查监督原判决是否正确，这个过程属于办理监督案件。审查后认为需要提起抗诉的，提起抗诉后又属于诉讼案件，应当分别管理和统计。

5. 遵循司法规律的理念。根据监督工作兼具行政属性和司法属性的特点，赣州市检察机关对监督案件的办理实行领导审批和承办检察官独立负责相结合的原则，立案和结案需要经过领导审批，体现的是行政属性；具体办案工作由办案检察官独立负责进行，根据司法责任制的有关要求承担相应的办案责任，这主要体现的是司法属性。在监督工作操作上，要求树立理性谦抑的理念，坚持依法监督和审慎谦抑相结合，彻底摒弃孤立办案、就案办案、简单办案的观念，通过受理立案、调查核实等办案程序规定的、客观确定的、具有可预测性的方法及手段，既尊重当事人提出的诉求，又遵循适度监督的规律，把好立案关，避免感情用事、以权谋私，防止以法律监督冲击诉讼程序、妨碍司法权威、代替实体处理、损害公民诉权和权益。

（二）探索合理分类案件类型和案件化范围

办案是检察机关落实司法责任制改革的基础问题，明确什么是案件和办案对深化司法责任制改革，以及实施监督工作案件化管理具有重要的理论和实践价值。检察机关对于什么是办案一直没有统一的界定，以北京、上海、江苏和浙江四省（市）检察院为例，对于办案的认识和定义差异极大。北京市检察院以“监督、审查、追诉”三项职责作为理论基础，将案件分为3种类型106种具体案件，包括司法案件与监督案件、承办案件与审批案件、亲历案件与指导案件。① 上海市检察院把案件分为14种类型126种具体案件，包括审查逮捕类、审查起诉类、控告申诉检察类、公益诉讼类、检委会业务类、案件管理监督类等。② 江苏省检察院把案件分为实体性办案、程序性办案和指导性办案三种类型，包括侦查监督案件、公诉类案件、民事行政检察案件、研究室检委办案件、案件监督管理案件等10个类别，同时，在此基础上列举出138种具体案件；浙江省检察院把案件分为7种类型54种具体案件，包括公诉案件、侦

① 参见刘慧、李盼盼：《检察机关办案问题研究》，载《检察改革与发展研究参考》2017年第11期。

② 上海宝山区院课题组：《法律监督案件化研究》，载上海市人民检察院内网。

查监督案件、综合业务案件等。①

在探索初期，赣州市人民检察院结合其他地区经验做法，根据检察职责、行权阶段及履职检察官角色身份的不同，将检察机关的案件办理分为两种，即查明事实的办案和追诉责任的办案。查明事实的办案可以分为侦查办案（新修改的人民检察院组织法和刑事诉讼法保留部分案件侦查权和机动侦查权）、调查办案（如监督工作中的调查）和审查办案（如审查起诉、审查逮捕），追诉责任办案包括提起公诉（包括提起民事行政公益诉讼）、抗诉、不诉等。据此，在 2018 年实行监督工作案件化管理中，赣州市人民检察院对检察机关所办案件暂时分成以下三类：第一类案件是公诉类案件，这类案件就是检察机关以诉的参加者身份到法院开展诉讼的案件，具体又细分成刑事公诉、刑事民事抗诉案件、公益诉讼案件、上诉案件 4 项。第二类案件是司法审查类案件，这类案件就是检察官以案件审查者的身份出现，在检察环节有权作出决定的案件，具体又细分成审查起诉、审查批捕、请示批复、备案审查 4 项。第三类案件是检察监督类案件，就是检察官以法律监督者的角色出现，对外开展法律监督所形成的案件。

根据当时的改革背景、司法需求、检察人员状况，不同类型检察监督工作的性质和《人民检察院诉讼档案管理办法》规定的诉讼监督案件种类，结合赣州市检察工作实际，将监督类案件又初步分成刑事侦查监督案件、刑事审判监督案件、刑事执行监督案件、民事监督案件、行政监督案件和控告申诉监督案件 6 项，这 6 项监督案件就是监督工作案件化管理所设定的类别，同时又对每个类别细分为 36 种案件。这 6 项 36 种检察监督案件，形成了案件化管理的

① 石友学：《检察“案件”如何界定？看看北上苏浙怎么说》，载微信公众号“江苏检察研究”，2017 年 12 月 15 日发布。

监督案件范围。如下图所示：

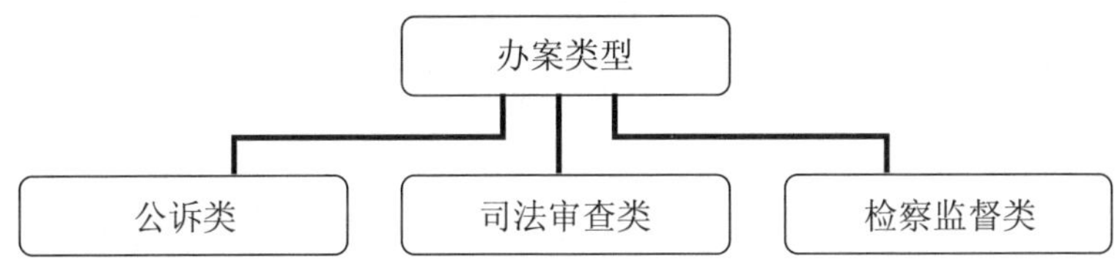


经过6年全市检察机关的检察实践，2023年赣州市人民检察院在全市检察机关组织开展“大学习、大研讨、大讨论”，深入研讨新形势下重大监督事项案件化办理的发展路径。在确定重大监督事项案件化办理范围模式选择上，没有采用探索初期以6项36种检察监督案件为监督范围的罗列式，而是确定了以案件性质和线索来源影响力相结合作为判断标准的模式。在充分调研和借鉴外地先进经验的基础上，赣州市人民检察院制定了《赣州市人民检察院重大监督事项案件化办理工作指导意见》，确定了10类案件纳入重大监督事项案件化办理范围，分别是：（1）重大非法证据排除案件；（2）严重违反刑事诉讼法关于讯问、询问、勘验、检查、搜查、鉴定、采取技术措施等规定的重大纠正违法案件；（3）严重违反刑事诉讼法关于决定、执行、变更、撤销强制措施的规定，或者强制措施法定期限届满，不予释放、解除或者变更的重大纠正违法案件；（4）严重对与案件无关的财物采取查封、扣押、冻结措施，或者应当解除查封、扣押、冻结而不解除的重大纠正违法案件；（5）重大的自行补充侦查案件；（6）行政争议实质性化解案件；（7）信访积案化解案件、领导包案案件办理案件；（8）调查核实案件；（9）法律监督线索移送案件；（10）经检察长批准进行的其他监督工作或事项。同时，明确重大监督事项来源包括：（1）检察官在办理案件及日常工作中发现的监督事项；（2）控告申诉部门接到、获悉监督事项；（3）上级单位、人大代表、政协委员、人民监督员等其他途径交办、督办或提出的监督事项；（4）党委和人民政府邀请介入的涉及民生、环境、国有资产、行政管理等，有重大影响或潜在重大风险的监督事项；（5）辩护律师、代理律师、当事人及其家属向检察机关反映，确有调查必要的监督事项；（6）数字检察监督模型对已有业务数据进行碰撞对比，开展智能筛查，筛选出的监督事项；（7）其他来源。以案件性质和线索来源影响力相结合作为判断标准作为区分是否重大的模式，让受理启动变得更加灵活，更能适应新时代社会变化对法律监督提出新的要求，同时也能节约司法资源，有效实现精准监督。

### （三）明确监督工作案件化管理流程

作为一个案件，一个办案活动，首先必须经过程序的启动，其次是程序的进行，再次是程序的终结，最后是档案的存查。根据这个思路，赣州市检察机关将探索初期的“立案、调查、处理、结案、归档”五个环节调整为“受理立案、调查核实、案件处理、审核决定、跟踪反馈、复查救济、结案归档”七个环节，推动实现监督程序更加全面规范，监督过程处处留痕，对监督案件的办理过程作了一个基本程序规范：

一是立案阶段程序。对工作中发现的有关检察监督线索，或者当事人依照有关法律规定向检察机关提出的监督请求，都应当及时进行立案审查。并由案件管理部门确定专人负责检察监督案件的立案登记和结案登记工作，对检察监督案件实行统一编号管理，自检察监督程序启动之日起 3 个工作日内，案件承办部门应当凭分管领导签发的检察监督案件启动或立案文书到案件管理部门统一登记、编号。

二是案件调查程序。检察官对重大监督事项进行调查核实不得少于二人，可以采取委托鉴定、评估、审计，现场走访、查验，查阅、复制、摘抄、调取相关材料，询问当事人、有关知情人员或者其他相关人员，咨询专业人员、相关部门或者行业协会等对专门问题的意见，查明案件事实所需要采取的其他措施，不得采取限制人身自由和查封、扣押、冻结财产等强制性措施。

三是案件处理程序。人民检察院对调查终结的重大监督事项，应当区分情况处理结案：依法纠正违法违规行为；制发工作函、通报；制发检察意见书、监督通知书；制发检察建议书；制发纠正违法通知书；依法作出不予监督决定或其他处理决定。

四是审核决定程序。明确办案期限，重大监督事项应当在立案之日起 2 个月内办结，对案件特别重大、事件特别复杂、逾期不能办结的，检察官可经部门负责人审核，报分管副检察长批准后，可以延长 1 个月。由于特殊原因，重大监督事项在较长时间内无法继续调查的，可中止调查。决定中止调查的，经部门负责人审核，并报分管副检察长审批。中止调查的事由消失后，应当恢复调查。

五是跟踪反馈程序。检察官应当对被监督单位整改情况进行监督，督促被监督单位按要求进行整改并及时登记被监督单位的整改反馈情况。被监督单位没有在监督意见规定的期限内进行整改的，经检察长决定，可以将相关情况报告上级人民检察院，通报被监督单位的上级机关、行业主管部门或者行业自律组织等，必要时可以报告同级党委、人大，通报同级政府、纪检监察机关。

六是复查救济程序。被监督单位对监督意见有异议的，可以在收到监督意见 15 日内以书面形式向发出监督意见的检察机关申请复查。被监督单位向检察机关申请复查的，由部门负责人另行指定开展复查的检察官人选。复查应当在决定复查之日起 3 个月内完成，对案件特别重大、事件特别复杂、逾期不能办结的，检察官可以制作《重大事项延长调查期限审批表》，经部门负责人审核，报分管副检察长批准后，可以延长 3 个月。

复查完成后，检察官应当制作《重大监督事项复查意见书》，提出处理意见并层报分管副检察长审批。经过复查，认为监督意见正确的，应当及时将复查结果通知被监督单位，并做好释法说理工作；认为监督意见错误的，应当及时撤销或者进行变更，并向被监督单位说明情况。

七是结案和归档程序。监督案件结案前，承办检察官要拟写结案报告报分管检察长审批。未经分管检察长同意，监督工作不能视为结束。经分管检察长同意结案后，办案人员应当及时将结案情况向案件管理部门报备，由案件管理部门进行结案登记。没有在案管部门结案登记，不视为案件终结。监督案件报结后，还应当按照档案管理的有关要求，及时将案件的有关材料进行整理，独立装订成卷后送案件档案管理部门归档。

### （四）探索建立综合配套措施

一是案件承办确定机制。为提升检察官主动监督的积极性，赣州市检察机关在进行专业化分工的基础上，原则上谁发现的线索由谁负责办理。基于当事人申请或申诉获取的案源，主要由领导或案管办分配的方式确定承办人。同时，为确保一些重大特殊监督案件的办案质效，统筹协调办案力量，在特殊情况下，经检察长批准，也可以另行确定检察官办案组或办案检察官。

二是办案期限设计。重大监督事项应当在立案之日起 2 个月内办结；对案件特别重大、事件特别复杂、逾期不能办结的，检察官可经部门负责人审核，报分管副检察长批准后，可以延长 1 个月。如确因客观原因，无法在上述期限内办结的，应报经分管领导批准中止调查。

三是健全内部运行机制。加强内部沟通衔接，建立健全内部情况通报、信息共享、线索移送、办结反馈制度，解决以往信息流转不畅、监督合力损耗等问题。更新案件定期督查通报机制，重新制定案件统计表格，对全市检察机关办案量进行精细统计，实行每月办案情况通报制。

四是完善统一业务系统软件程序。案件管理部门依托检察业务应用系统形成重大监督事项案件化办理流程监控日志和工作台账，对正在办理的重大监督事项是否合法合规等，进行实时动态的监督，发现违反本规定的，可参照流程监控相关规定进行处理；定期对登记、移送和接收监督事项的数量、成案率、成案后办理情况等进行统计、分析、通报。

### （五）监督工作案件化管理取得的主要成效

通过六年多的检察实践，赣州市检察机关办理各类检察监督案件，监督意识、监督力度、监督合力、监督质效同步提升效果初步显现。

主动监督意识得到增强。检察官在办案中更加注重用监督的眼光审查案件，主动发现监督事由，有意识地将提前介入、纠正漏捕漏诉、纠正违法和检察建议、裁判结果审查等诉讼监督工作作为规范的案件来审查、办理，有效实现监督工作从“办事”向“办案”转变。全市过半的侦查监督案件、公益诉讼和督促履职案件，系主动出击、积极挖掘线索而来；执检部门开展羁押必要性审查以及监管场所违法违规监督同比大幅上升，社区矫正违法违规监督、暂予监外执行和收监执行监督审查案件均实现“零”的突破。

监督工作力度得到加大。2024 年 1 月至 5 月，全市检察机关共对 230 件检察监督案件实行案件化办理，其中《赣州市人民检察院重大监督事项案件化办理工作指导意见》规定的案件范围中第一至五项重大非法证据排除、重大的自行补充侦查等案件 50 件，行政争议实质性化解案件 55 件，信访积案化解案件 27 件，领导包案案件

21件，内部移送法律监督线索案件77件，以往作为事项办理的检察监督事项初步实现了“案件化、规范化、卷宗化”办理，诉讼监督质效进一步提高。

监督合力进一步形成。赣州检察机关积极推进内设机构大部制改革，在员额检察官数量少、办案力量薄弱的基层院也在相关业务部门设立了专门的诉讼监督办案组，最大限度配齐配强诉讼监督人员力量。同时，注重建立健全内部情况通报、信息共享、线索移送、办结反馈制度，强化了内设机构之间、上下级检察院之间的衔接配合，形成监督合力。

监督质效进一步提升。通过对监督工作实行案件化管理，构建了一套严密的监督规范和流程管理，使监督案件从线索受理、立案、调查、处理、结案到卷宗归档，都有章可循、有制度可依，切实改变了过去监督程序不规范、监督过程缺乏全面留痕、发现错误难以追责等问题，从机制上改变了监督随意性、数据失实、举措不当等情况，诉讼监督质效明显提高。

## 四、监督工作案件化管理的实践难题

由于传统司法模式和办案思维的惯性，在实行监督工作案件化管理改革面临一些现实障碍与困难。

### （一）制度基础薄弱

一方面，高位阶的规范性文件供给不足。宪法与法律从宏观上赋予了检察机关的法律监督地位和定位，但没有涉及监督事项案件化问题，检察系统内还没有制定一个完整的监督事项的规范性文件。这也导致现有的程序要求，主要还是体现在人民检察院刑事、民事、行政诉讼规则中，多以较为原则的程序性要求为主。各地自行探索虽然取得较多经验、实现较多进展，但由于程序不尽相同，检察机关监督工作的严肃性难免受到一定影响。另一方面，检察监督案件的类型范围不明确。办案是检察机关落实司法责任制改革的基础问题，明确什么是案件和办案对深化司法责任制改革，以及实施监督工作案件化管理具有重要的理论和实践价值。对于法律监督到底是什么样的法律关系争论很大，具体到监督工作案件范围类型上，目前缺乏权威的理论体系和明确的解决方案，导致实际操作上认识不一致，工作不统一。

## （二）程序运作机械

与办案注重程序与规范并重、注重过程与结果并重、注重政治效果、法律效果和社会效果相统一所不同，办事模式更加强调效率而忽视制约、重结果而缺少规范，突出表现出“启动程序缺乏明确的要求”“对事实证据调查核实不足”“结案标准不明确”“监督流程运行不畅”“监督质量难以评价”等①问题。在县级检察院，受种种因素约束，一些检察官在办理监督工作时，仍习惯性地以事项办理方式对待，尤其是对于检察建议工作，事项化办理的问题普遍。程序化是司法办案活动最重要的外在特征。② 检察机关法律监督工作涉及的事项类型、环节众多，规则层面的原则、分散和不确定，无法避免司法实践中监督工作的随意性，实践中监督工作的具体程序设计还不清晰、不完善导致出现监督办案调查核实不足、证据适用随意、监督刚性不强、检察监督权力约束机制不足等很多问题，最终影响了监督办案工作质量和公信力。

---

① 韩晓峰、陈超然：《诉讼监督事项案件化的思考——以侦查监督为分析视角》，载《人民检察》2016 年第 21 期。

② 庄永廉等：《如何深入探索重大监督事项案件化办理》，载《人民检察》2017 年第 15 期。

### （三）配套措施零散

一方面，监督工作的综合管理还不适应要求。比如，许多监督工作在检察业务系统中尚未作为案件设置，在系统案件内容录入以及统计功能不能满足基层检察监督工作的实际需求。又如，目前适用的档案管理办法是多年前实施的，容易导致监督案卷在结案归档时无据可依的问题。另一方面，检察人员监督主责主业的意识理念不足。监督工作实行案件化管理后，工作中增加了不少程序设置，规范性要求高，不少检察人员认为程序烦琐，这是自找麻烦、束缚手脚，通过案件质量评查以及阅卷调研发现，基层检察院一些监督办案仍然简单，有的案件存在“凑数”“应付”之嫌，防止监督工作随意性、解决监督工作缺乏刚性的问题，仍然现实和紧迫。

## 五、 改进检察监督工作案件化管理的实践方向

从实践的效果综合研判发现，监督工作案件化管理的模式是合理的，也是符合基层检察监督工作实践的。存在的问题，不在于案件化管理本身，更多的在于机制设计如何更加科学和精细，人员思维理念以及办案人员的主观努力。

### （一）强化检察监督工作案件化管理的制度保障

强化检察监督工作案件化办理，需要在总结各地监督事项案件化管理工作经验的基础上加强顶层设计，需要推动高位阶的规范性文件进一步明确检察监督工作案件化管理的受理范围、启动条件、调查及证据规则、结案标准等内容，通过制度的良性运行确保该监督路径行之有效，得到监督者与被监督者的认可与赞同。在提供制度保障过程中明确监督案件类型尤为重要，哪些监督工作是案件化管理的内容，即科学界定哪些法律监督工作归结为办案，这是实行

监督工作案件化管理的前提问题。完善的制度保障能够推动监督理念进一步更新，能够让监督者更重视程序规范意识防止监督的随意性和监督权滥用，能提升全面实行卷宗化的自觉性使监督办案的每个环节都能细化、量化，也能树立遵循司法办案规律理念，坚持理性监督，树立双赢多赢共赢的监督理念，用好政治智慧、法律智慧，提升监督能力，促进问题解决。

### （二）建立合理的检察监督工作案件化管理的运行程序

针对实践中检察监督工作案件化管理程序运作机械导致督办案调查核实不足、证据适用随意、监督刚性不强、检察监督权力约束机制不足等问题，完善检察监督工作案件化管理运行程序需要在以下几方面进行优化。

1. 规范监督工作的启动。首先，把好监督工作的线索管理。监督线索是发现违法、启动监督的源头，有必要建立监督线索统一管理的机制，具体可由行使控告申诉或者案件管理职责的检察部门来办理，避免线索受理、管理多头导致打乱仗。其次，监督启动要有立案程序。办案不同于办事，办事的启动要随意得多，可依申请、可依指令、可依职权。监督工作既然已作为案件，就应当遵循办案启动的范式，只有经过受案、立案相关手续，才能产生案件办理上的法律效力。

2. 完善监督工作的调查规则。一个办案活动，从其流程来看，首先，必须经过程序的启动，也就是立案；其次，是程序的进行，也就是调查和处理；再次，是程序的终结，也就是结案；最后，是档案的存查，也就是装卷归档等程序。程序启动、程序的终结与案件的归档相对而言是可控且易于实现的，难点与关键点在于调查和办理，监督工作的正常行使必须有必要的措施与手段。调查核实权的设置，以及调查核实程序的规范，是保证法律监督工作有效运行的关键要素。为此，实践中，一方面，要注重调查工作规则的制定及程序规范，比如，对调查的手段、调查措施的适用、调查时的规范性要求、证据材料收集固定程序作了明确，对调查核实权的行使提供了有效的司法保障。另一方面，应当注重强化调查核实权行使的刚性保障，例如怎么在更高位阶的法律或规范性文件中明确被调查人（单位）的配合义务。

3. 健全监督证据规则要求。证据是司法办案的核心问题，办案的主要任务就是通过收集和固定证据，以形成的完整证据链条回溯和证明案件的法律事实，并依照法律规定对案件作出判断。注重监督工作办理的证据化，是案件化的题中之义，尤其监督办案主要针对执法、司法活动展开，被监督的主体主要是执法、司法机关及其工作人员，监督工作应当更加重视证据的收集、固定、认定以及有关证据规则的构建。实践中，有必要根据不同监督案件类别，建立有别于批捕起诉等普通诉讼类案件的差异化证据规则。比如，对于羁押期限违法等客观性特征明显的违法行为，一般无须适用严格的调查程序且只要满足相对更低的证明要求就可以，对于非法证据等疑难复杂的案件，应当经过严格证明，以及调查核实程序，严格按照证据的“三性”进行客观公正认定。

4. 落实卷宗化的管理要求。作为司法活动和司法案件，必然要求办案过程和行为全程留痕，监督办案获取的相关证据材料时，必须对应形成相应的内外部法律文书，并由此建立法律监督案件的监督卷宗，确保线索受理、立案、调查核实、审查决定、事实监督、跟踪反馈、复议复核、结案、归档及相关证据材料与事实认定等每一个环节都有痕有印，据以体现完整管理流程，使监督工作与司法责任能够衔接，确保检察官办案责任制得以实现。

### （三）建立完善的综合管理保障体制

监督工作案件化管理的实施，离不开规范有效的业务管理和综合配套措施来保障。在案件化管理的运行中，有必要完善业务流转平台和相关办案组织方面的建设。

一方面，建设配套化的业务流转平台。要结合监察案件办理流程的实践需要，打造契合监督办案的检察业务应用系统和案件业务统计考核体系。完善监督案件流程管理，检察机关案件管理部门应当充分发挥内部监督管理职能，运用检察业务应用系统，强化对监督案件办理全程、动态的监督。完善检察业务应用系统软件设置，增加目前尚未纳入检察业务应用系统管理的监督案件种类，让所有的监督案件全部纳入系统管理；对尚未设置立案程序的监督工作全部增设立案或不立案的决定程序；对应的系统统计功能以及业务报表内容进行修改、充实和完善能够在系统中生成，为及时全面统计监督业务工作提供便利，为全面推进监督工作案件化管理建好信息化平台。

另一方面，完善办案组织设置和科学调配人员。监督工作是对相关机关已有的结论性意见进行重新审查和认定，办案程序不同于普通的案件办理程序。相较于审查类办案，监督类办案是对办案主动性要求最多的工作，因此对办案人员的能力素质也有更高的要求。实践中，完善好办案组织设置，科学调配好办案人员，是解决基层检察院人员紧张、力量相对分散、办案能力有限以及有的监督办案积极性不够等问题的前提条件。具体实践中，有必要选取业务精通、沟通能力强、有责任担当的员额检察官成立专门的办案组负责办理监督案件，对一些程序要求简单、监督内容不复杂的，也可以由独任检察官办理。

## 六、 结论

可以预期，监督工作案件化管理的推行，将有助于检察机关在一个个的监督案件办理中，最大限度地发挥监督工作支撑检察权理论再造的实践投射作用，进而推动检察理论与时俱进，在下一步的司法体制改革中厘定适当的法律地位。同时，监督工作案件化管理的实行，还有一系列理论与实践上的问题有待深入探讨与研究。比如，如何在立法层面或检察机关内部层面建立一整套的案件化管理模式，如何在案件化管理中避免监督泛化或弱化，如何处理监督的主动性和被动性关系，如何把握检察机关对事监督与对人监督的问题等。这些问题需要在正确权力价值观、遵循司法规律检察规律、遵照检察权宪法定位的前提下依法审慎把握，确保检察理论和制度体系的构造始终契合新时代中国特色社会主义制度建设的需要。

# 检察听证制度的实践问题与完善研究

朱明星　韩平静[*]

## 目　次



* 朱明星，江西省上饶市人民检察院党组副书记、分管日常工作的副检察长；韩平静，江西省上饶市人民检察院检务督察部主任。

（三）听证非实质化

四、检察听证制度的完善

（一）修订、编纂听证规范

（二）准确把握听证适用范围

（三）推进听证实质化

检察听证制度发端于检务公开、案件公开审查制度，在最高人民检察院工作报告中最早出现于 2003 年。[①] 2021 年 4 月，最高检《“十四五”时期检察工作发展规划》指出，全面推开检察听证，坚持“应听证尽听证”。近年来，检察听证作为检察供给端检察产品的其中一环，其数量呈逐年大幅递增态势，2019 年至 2023 年分别为 1244 件、2.9 万件、10.5 万件、18.9 万件、25.8 万件，[②] 4 年间增长了 200 余倍。从听证制度顶层设计及最高检相关典型案例等检察实践中，检察听证被赋予且切实发挥了多重价值功效，但实践及相关研究中，对检察听证的形式化等问题质疑较多。本文试从检察听证制度的规范发展及价值功效入手，指出检察听证工作存在的问题，并提出完善意见建议。

## 一、检察听证制度的发展

1998 年，党中央为治理司法腐败，加强政法队伍建设，在政法机关部署开展集中教育整顿。在教育整顿中，一些地方检察院创造

① 最高人民检察院工作报告（2003 年 3 月 11 日）指出，1998 年最高人民检察院作出实行检务公开的决定，各级检察机关将检察工作依法能够公开的全部向社会公开。建立了诉讼参与人权利义务告知制度，不起诉案件、刑事申诉案件、民事行政抗诉案件公开审查和听证制度，检察工作重要事项通报制度。实行检务公开，把检察工作置于人民群众的监督之下，增强了执法透明度，促进了公正执法。

② 数据来源于 2019 年至 2023 年的最高人民检察院工作报告。

了检务公开的做法，最高人民检察院及时总结推广，作出在全国检察机关实行检务公开的决定，① 检务公开进一步深化，试行、建立了不起诉案件、刑事申诉案件、民事行政抗诉案件公开审查和听证制度。本文从检务公开、公开审查、听证的制度规范发展的角度切入，线性展示检察听证的发展过程。

（一）检务公开规范

1998 年 10 月、1999 年 1 月、2006 年 6 月、2015 年 2 月、2021 年 2 月，最高检先后印发《关于在全国检察机关实行“检务公开”的决定》《人民检察院“检务公开”具体实施办法》《关于进一步深化人民检察院检务公开的意见》《关于全面推进检务公开工作的意见》《检务公开工作细则》，不断扩大检务公开的广度和深度，以公开促公正，强化外部监督，公开审查、听证制度随之应运而生。

（二）公开审查规范

1999 年 5 月、2000 年 5 月 24 日最高检先后印发《人民检察院办理民事行政抗诉案件公开审查程序试行规则》（已失效）（以下简称《民事行政抗诉公开审查规则》）、《人民检察院刑事申诉案件公开审查程序规定（试行）》② （以下简称《刑事申诉公开审查试行规定》）。2001 年 3 月 5 日，最高检公诉厅印发《人民检察院办理不起诉案件公开审查规则（试行）》 （以下简称《不起诉公开审查规则》）。其中《民事行政抗诉公开审查规则》与《不起诉公开审查规则》类似，公开审查的内容主要是当面听取一方或双方当事人对案件、案件处理等的意见，为检察机关全面审查案件提供参考；规

① 参见最高人民检察院工作报告（1999 年 3 月 10 日）。

② 2012 年 1 月 11 日《人民检察院刑事申诉案件公开审查程序规定》施行，同时废止《人民检察院刑事申诉案件公开审查程序规定（试行）》。

定可以邀请有关专家及与案件有关的人员参加公开审查，但并未明确听证、听证员名称及其地位、作用。《刑事申诉公开审查试行规定》明确公开审查主要以听证会形式进行，应当聘请与案件没有利害关系的专家、学者、人大代表、政协委员或者其他社会人士担任听证员参加听证会，听证员人数为 3 人以上的单数，“听证意见应当是听证员通过表决产生的多数人意见”“复查案件的承办人应当根据已经查明的事实、证据和有关法律规定，以听证员的听证意见为重要依据，提出对案件的处理意见”，首次明确了听证评议意见的效力。《刑事申诉公开审查试行规定》相关内容已趋近当前听证规则。2012 年 1 月 11 日，《人民检察院刑事申诉案件公开审查程序规定》以相关程序规制的方式进一步明确、强化了听证评议意见的效力。

### （三）听证规范

近年来，检察听证制度建设进入快速发展阶段。2020 年 9 月，最高检印发《人民检察院审查案件听证工作规定》（以下简称《听证规定》），随后通过的《人民检察院公益诉讼办案规则》（以下简称《公益诉讼办案规则》）、《人民检察院民事诉讼监督规则》（以下简称《民事诉讼监督规则》）、《人民检察院行政诉讼监督规则》（以下简称《行政诉讼监督规则》）均对听证工作进行了规定（《人民检察院刑事诉讼规则》无听证工作相关规定），其中《民事诉讼监督规则》《行政诉讼监督规则》予以专节规定。此后 2021 年 8 月至 2023 年 12 月，最高检、最高检相关内设机构先后印发《人民检察院羁押听证办法》（以下简称《羁押听证办法》）、《民事检察部门诉讼监督案件听证工作指引（试行）》（以下简称《民事听证指引》）、《人民检察院公益诉讼办案听证工作指引》（以下简称《公益听证指引》）、《人民检察院办理控告申诉案件简易公开听证工作规定》（以下简称《简易听证规定》）、《人民检察院行政检察监督案件听证工作指引》（以下简称《行政听证指引》）陆续印发，大致从听证适用范围、听证会参加人、听证程序等方面对不同种类案件听证工作进行规范，与《中国检察听证网建设方案》《人民检察院检察听证室设置规范》《人民检察院听证员库建设管理指导意见》等配套制度共同构建了较为完整的听证制度体系。2024年，最高检案管办印发《检察听证工作业务流程、案卡项目、工作文书与统计报表使用指引（2024年版）》（以下简称《听证流程指引》）。密集的听证规范及配套制度等相继出台，从另一侧面彰显了检察听证制度日趋独立的价值效用。

## 二、检察听证的价值功效

自2020年起，“听证”日渐成为最高检工作报告的高频词，其中2021年、2022年分别出现7次，最高检业务条线听证典型案例也陆续发布。从检察听证规范制度的发展历程亦可看出检察听证从检务公开、案件公开审查制度的附属功效到日趋多元、独立的价值功用。

### （一）拓宽外部监督渠道，增强执法透明度，强化对检察权运行的监督制约

检察听证“通过引入诉讼参与人、社会公众等参与检察程序，增进检察权运行的公开性和透明度，增强检察决定的公正性，促进检察公信力的提升”①。从最高检工作报告可以看出，2019年以前，听证制度的顶层价值定位主要是增强执法透明度，拓宽外部监督渠道，增强检察公信力。此价值定位亦契合“切实给检察权运行‘加

① 刘国媛：《刑事检察听证制度的“理”与“法”》，载《法学评论》2015年第1期。

把锁'"的检察业务工作现代化要求，"听证程序本身是检察权的制衡机制，通过听证程序的抑制、分工、间隔等功能对自由裁量权进行制约，并促进行使自由裁量权的检察官进行理性选择。"①

（二）坚持和发展新时代"枫桥经验"，彰显以人民为中心的司法理念

"检察听证制度，是检察机关践行以人民为中心的发展思想，引导人民有序参与司法的重要制度设计。充分体现了检察制度的人民性，契合人民参与司法的时代诉求，符合构建人民依赖司法体系的现实需要。"② 随着 2019 年群众信访"件件有回复"承诺的提出，听证程序被广泛适用于疑难、有重大争议或影响性等信访申诉案件，同步推进司法办案、信访风险评估、社会矛盾化解，通过引入第三方参与，凝聚工作合力，促进矛盾化解，实现案结事了人和。2020 年至 2023 年信访案件听证后化解率分别为 83.7%、76.5%、80%、78.6%。③ 其中上门公开听证活动中，民众旁听程度较高，开启了检察机关参与社会治理的新方式，通过对个案的释法说理达到普法宣传的效果。一方面以"看得见、听得到"的方式让人民群众在每一个检察案件中感受到公平正义。另一方面提升民众法治意识与法治思维。能够发挥有学者提出的司法公正促进和引领全社会公正观念的形成和强化的作用。④

① 刘国媛：《刑事检察听证制度的"理"与"法"》，载《法学评论》2015 年第 1 期。

② 霍敏：《检察听证制度完善研究》，载《国家检察官学院学报》2022 年第 1 期。

③ 数据来源于 2021 年至 2024 年的最高人民检察院工作报告。

④ 胡玉鸿指出，如果司法能以维护社会公平正义为己任，那对于公平正义在全社会的贯彻与落实，必定会起到极大的促进和引领作用。司法公正之所以"有助于全社会公正观念的形成和强化"，是因为"诉讼程序公正所产生的指导、示范和影响作用远远超出个案得以公正判决的意义"。参见胡玉鸿：《习近平法治思想中的社会公平正义理论研究》，载《中国法学》2024 年第 1 期。

### （三）借助外部智慧，提升法律监督工作质效

检察听证活动中，针对部分专业性较强的案件，发挥相关领域专家、学者、人大代表等社会力量的作用，借用“外脑”提升处理疑难案件的专业能力。① 检察机关审查办理的案件范围广、涉及专业领域多，引入具有相关专业知识或具有丰富基层经验的听证员参与听证程序，能够为检察工作注入外部智慧，适应新时代检察业务工作高质量发展需要，提升法律监督工作质效，这在多重改革叠加背景下做优刑事检察、做强民事检察、做实行政检察、做精公益诉讼的检察工作现代化蓝图中作用尤为凸显。

### （四）增强案件审查亲历性，实现“高质效办好每一个案件”价值追求

通过当面听取案件当事人及其他参加人对相关问题的情况说明以及对案件事实认定、法律适用和处理等的意见，强化案件审查直接言词原则，增强办案亲历性，为案件当事人及其他参加人提供平等表达意见、诉求的渠道，促进、保障准确认定案件事实、证据，正确适用法律，实现“高质效办好每一个案件”检察履职价值追求。

## 三、 检察听证的实践困境

毋庸置疑，当前，检察听证在检察实践中发挥了极大作用，但实际运行中的听证规范冲突、听证适用与否存在较大随意性、听证非实质化等问题客观存在，相互交织，不容忽视。

---

① 于丽红、邓洪涛：《论检察听证制度诉讼化改造》，载《江西社会科学》2022 年第 9 期。

### （一）规范冲突

如前所述，2020 年以来，最高检及其相关职能部门先后制定了“听证规定”等 6 个听证工作专门规范性文件，覆盖“四大检察”，其他相关规范性文件也散见有对听证工作的相关规定，构建了较全面的检察听证规范体系。与此同时，不同听证规范的冲突问题也较为明显。

1. 听证会的听证员数量。《听证规定》规定，参加听证会的听证员一般为 3—7 人。《民事听证指引》规定，参加听证会的听证员一般不少于 3 人。《简易听证规定》规定，简易公开听证会的听证员一般为 2 人以上。虽均为选择性规范，但从规范技术层面来说，存在一定的不严谨。

2. 听证会主持人身份。《听证规定》规定，听证会一般由承办案件的检察官或者办案组的主办检察官主持；检察长或者业务机构负责人承办案件的，应当担任主持人。《简易听证规定》规定，经部门负责人同意，简易公开听证会可由检察官助理担任主持人。

3. 听证案情告知。《听证规定》规定，听证员确定后，人民检察院应当向听证员介绍案件情况、需要听证的问题和相关法律规定。《民事听证指引》规定，人民检察院应当于听证会召开前将案件有关材料等送达听证员。《听证流程指引》明确，如有必要，承办检察官可以准备听证前现场会，组织听证员通过电子、纸质等方式进行阅卷或者阅看其他相关资料。

4. 听证评议意见效力。《听证规定》规定，听证员的意见是人民检察院依法处理案件的重要参考。拟不采纳听证员多数意见的，应当向检察长报告并获得同意后作出决定。最高人民检察院《关于加快推进新时代检察业务管理现代化的意见》规定，对于拟不采纳听证员多数意见的，应当向检察长报告或经检察委员会研究后作出决定。《公益听证指引》规定，听证员的意见是人民检察院依法处理案件的重要参考。听证评议意见不一致的，可以分别发表意见。

上述规范冲突，既存在新旧规范冲突，又有特别规范与一般规范冲突，还有下位规范与上位规范冲突的问题。听证规范冲突，一方面可能会折损听证规范体系的权威性；另一方面可能会让检察人员，尤其是听证员难以适从，一定程度制约听证工作的规范开展、高质量发展。

### （二）听证适用范围把握不准

如前所述，2021 年，最高检提出“应听证尽听证”的工作要求，近年来相关工作考核、通报等对检察听证数量、质量提出要求，而实践中，“不应听而听”的凑数听证与“应听而未听”的听证不到位同时存在，理论界对此亦颇多微词。

1.“不应听而听”。从公开审查阶段开始，公开审查、公开听证的必要性就是开展听证工作的重要考量。《不起诉案件公开审查规则》一方面规定，公开审查的不起诉案件应当是存在较大争议并且在当地有较大社会影响的，经人民检察院审查后准备作不起诉的案件；另一方面明确，案情简单，没有争议的案件等没有必要进行公开审查的案件不进行公开审查。《听证规定》亦明确规定，人民检察院办理案件在事实认定、法律适用、案件处理等方面存在较大争议，或者有重大社会影响，需要当面听取当事人和其他相关人员意见的，经检察长批准，可以召开听证会。《民事听证指引》明确规定了听证的必要原则，人民检察院应当对民事诉讼监督案件组织听证的必要性进行认真审查。根据案件办理的实际需要，人民检察院认为确有必要的，可以举行听证活动。《行政听证指引》详细列明了“事实认定存在较大争议”“法律适用存在较大争议”“案件处理存在较大争议”“其他存在较大争议”“有重大社会影响”等可以召开听证会的情形。上述规范性文件从程序要件和实体要件两方面规定了听证的适用，充分彰显了“非必要不听证”的诉讼经济原则。但实践中，听证程序“适用案件的范围仍不明确，案件选择的随意性与选择性比较明显”①，“检察官刻意回避案件的争议性，选择争议程度小的案件进行听证”②。为听证而听证的情况，既影响听证工作严肃性，也极大地浪费了司法资源。③

2. “应听未听”。如前所述，检察听证具有多重价值功效，是让人民群众在每一个检察案件中感受到公平正义的极佳载体，是给“检察权运行权加把锁”的重要举措，而实践中，不乏存在案件具有较大争议、有重大社会影响案件“应听未听”的“听证不到位”问题。因听证程序较为复杂，耗费的时间成本高，多数检察官不愿意启动该程序，主持听证的检察官从幕后走到台前，经验稍显不足，能力有待提高，④ 检察人员“不愿听”“不敢听”“不会听”等问题不同程度存在。

### （三）听证非实质化

“不应听而听”必然导致听证形式化。“检察官回避具有争议性的案件是造成听证形式化的主要原因。”⑤ “凑数听证”问题不解决，听证非实质化问题必定无解。本文仅从其他方面对听证非实质化问题进行论述。

1. 未听先定。以不起诉案件听证为例，普遍存在应用系统审

---

① 周新：《审查逮捕听证程序研究》，载《中外法学》2019 年第 4 期。

② 路旸：《检察不起诉听证实证研究——基于 41896 份检察文书的分析》，载《北京理工大学学报（社会科学版）》2023 年第 6 期。

③ 霍敏：《检察听证制度完善研究》，载《国家检察官学院学报》2022 年第 1 期。

④ 周新：《审查逮捕听证程序研究》，载《中外法学》2019 年第 4 期。

⑤ 路旸：《检察不起诉听证实证研究——基于 41896 份检察文书的分析》，载《北京理工大学学报（社会科学版）》2023 年第 6 期。

核、审批时间在前，听证时间在后的情形，不可避免地引起听证流于形式的指摘。

2. 听证员选任。相关研究对听证员独立于检察机关、检察官的客观中立立场存疑，“听证员的选任和取消由检察院自主决定”“检察院在听证员的选任上享有较大的自由裁量权。听证员在出具最终意见时，一定程度上会顾及检察官的态度”①。目前，《听证规定》未规定听证员的选任及当事人等对听证员的申请回避权利。《民事听证指引》规定了当事人有对听证员申请回避的权利，但未规定当事人申请回避后的处理。《听证流程指引》明确，当事人对听证员申请回避的，可以提出申请并说明理由，由承办检察官所在部门负责人审批是否同意并更换听证员，承办检察官是部门负责人的，应由分管院领导审批是否同意并更换听证员。

3. 听证员的亲历性。“听证员一般不阅卷，有的听证员甚至没时间提前翻阅检察机关提供的听证材料”②，“听证员通过承办人传递的二手信息履行评议职责”③，“听证员难以亲身接触第一手证据材料，参与案件评议流于表面”④，听证员对案件情况、证据材料的不了解、不熟悉。一方面，如前所述，除最高检案管办新近印发的《听证流程指引》外，并无相关规定明确其有阅卷权，或仅规定提供相关材料但并未明确提供材料的范围，或仅规定由人民检察官向听证员介绍案件情况，也即“二手信息”。另一方面，本为兼职、常常是非专业的听证员并无时间、相关专业储备能保障其充分高效

① 林喜芬、刘思宏：《论我国检察机关的听证办案模式》，载《国家检察官学院学报》2022 年第 5 期。

② 霍敏：《检察听证制度完善研究》，载《国家检察官学院学报》2022 年第 1 期。

③ 林喜芬、刘思宏：《论我国检察机关的听证办案模式》，载《国家检察官学院学报》2022 年第 5 期。

④ 林喜芬、刘思宏：《论我国检察机关的听证办案模式》，载《国家检察官学院学报》2022 年第 5 期。

了解、掌握案件情况信息，并正确应用于案件事实认定、证据采信、法律适用，进而通过听证评议意见的形式最终有效呈现。

4. 听证评议意见结果运用。检察机关是否采纳、如何采纳听证员意见由承办检察官掌握，听证意见很可能被检察机关束之高阁，听证活动实质被虚化。①“向检察长报告并获其同意”机制旨在保障听证意见结果运用，但仍然有随意性较大的缺点，因为报告主体是检察官而非听证员。② 听证评议意见效力本身规定不一，实践效果尚难令人信服。

## 四、 检察听证制度的完善

针对检察听证制度的规范冲突、适用范围、非实质化问题，建议可从以下方面一一完善。当然，规范冲突、适用范围、非实质化问题均可归结为听证规范本身及配套供给不足、规范运行偏差的问题，随着听证规范及配套制度建设、配套供给的进一步完善、严格落实，诸多问题都有逐步迎刃而解的可能。

### （一） 修订、编纂听证规范

听证规范冲突问题是制约听证工作规范开展的重要因素，更是听证适用范围问题、听证非实质化问题的重要诱因。建议适时修改检察听证工作规范体系，修订、编纂相对统一的听证规定，避免多头重复规定或规范冲突、规定不明问题。采取总分的形式对听证工作共性规范进行规定、针对各业务条线不同听证要求进行个性规定，适时推动检察听证工作立法。

---

① 于丽红、邓洪涛：《论检察听证制度诉讼化改造》，载《江西社会科学》2022 年第 9 期。

② 于丽红、邓洪涛：《论检察听证制度诉讼化改造》，载《江西社会科学》2022 年第 9 期。

1. 建议推动检察听证立法工作。党的十八届四中全会通过的《中共中央关于全面推进依法治国若干重大问题的决定》指出，在司法调解、司法听证、涉诉信访等司法活动中保障人民群众参与。《中华人民共和国人民检察院组织法》第11条规定："人民检察院应当接受人民群众监督，保障人民群众对人民检察院工作依法享有知情权、参与权和监督权。"听证工作是检察机关落实党中央要求、法律规定的重要检察实践，检察听证立法有助于解决检察听证法律依据缺失的问题，[①] 建议适时推动将检察听证内容纳入《中华人民共和国人民检察院组织法》等。

2. 建议将检察听证纳入《人民检察院刑事诉讼规则》。目前，检察听证内容已纳入《民事诉讼监督规则》《行政诉讼监督规则》《公益诉讼办案规则》，但《人民检察院刑事诉讼规则》尚无检察听证内容，而听证工作大量存在于刑事检察工作，建议将检察听证相关内容纳入《人民检察院刑事诉讼规则》。同时，建议四大诉讼规则对听证工作仅作原则性规则，避免多头规定、规范冲突的问题发生。

3. 建议进一步明确相关冲突事项，规定不明事项。针对前述规范冲突、规定不明问题，建议：一是进一步明确听证员人数一般为3至7人。既然规定是"一般为3至7人"，则表明例外情形可更少或更多，但不同听证规范不宜各说各话。从规范技术层面避免不一致的多头规定。二是不应规定检察官助理可担任听证主持人。根据听证适用范围的规定，举行听证的本就应是在事实认定、法律适用、案件处理等方面存在较大争议，或者有重大社会影响的案件，检察官助理恐难胜任听证主持重任；同时，主持听证应是检察官亲

① 刘国媛指出，关于检察听证的法律依据问题，存在两种完全相反的观点，其中一种观点认为检察听证制度没有法律依据。参见刘国媛：《刑事检察听证制度的"理"与"法"》，载《法学评论》2015年第1期。

历审查办案的重要内容，不应且无授权检察官助理主持听证的必要。三是明确听证员有权阅卷；人民检察院应当向听证员提供案件审查报告等材料；听证会上“承办案件的检察官介绍案件情况和需要听证的问题”应全面客观准确。以此保障听证员对案件情况的充分知情权，为实质听证奠定基础。

（二）准确把握听证适用范围

检察听证制度是一项昂贵的事业，检察听证程序会增加诉讼成本、降低诉讼效率，检察听证的适用范围应限制在一定范围内，以诉讼经济原则规范检察听证启动，合理界定听证适用范围。① 建议可从以下方面进一步规制。

一是从应听证与不应听证两方面明确听证适用的情形。建议参照《民事听证指引》，明确规定听证的必要原则，人民检察院应当对案件组织听证的必要性进行认真审查；根据案件办理的实际需要，人民检察院认为确有必要的，可以举行听证活动。参照《行政听证指引》，对听证适用范围的“事实认定存在较大争议”“法律适用存在较大争议”“案件处理存在较大争议”“有重大社会影响”具体情形进行相对确定的列举。参照《不起诉公开审查规则》，对案情简单，没有争议的案件等没有必要进行听证的情形进行明确的禁止性规定。同时，“经检察长批准”的听证程序要件应严格实质落实，切实避免“凑数听证”情形发生。

二是建议可将听证程序作为拟作终结性处理决定案件提请检委会审议的前置条件，尽量避免应听未听的情形发生。《人民检察院检察委员会工作规则》规定，提交检委会讨论决定的案件是重大、疑难、复杂案件，与听证案件范围具有较高重合性。当然，明确拟

① 霍敏：《检察听证制度完善研究》，载《国家检察官学院学报》2022 年第 1 期。

作不起诉等终结性处理的案件应听尽听、探索“逐案听证”[①] 亦未尝不可，全面发挥检察听证给“检察权运行加把锁”的价值功效，有效避免人为的“应听不听”的听证选择性适用问题的发生。

三是建议对听证工作考核统筹好“有数量的质量”和“有质量的数量”关系。在保证一定规模的听证案件数量的前提下，设置“不应听而听”扣分项，常态化组织开展听证案件专项评查、专项流程监控等，不断提升检察听证工作质效。

四是建议组织检察官听证观摩。定期组织检察官听证观摩，逐步提升检察官听证工作素能及综合履职能力，促进高质效办好每一件案件。可将听证观摩情况纳入检察官等级晋升等，切实解决检察官不想听、不敢听、不能听等“应听不听”的主观因素，以检察官听证能力建设助推听证工作现代化发展。

五是常态化开展各层级听证典型案例甚至指导性案例评选，为听证工作提供指引、参考。一个听证指导性案例、典型案例胜过一打听证数字，引导一线检察官把有限的检察资源、听证资源投向确有必要开展的听证工作中去，积极主动努力培育听证典型案例、指导性案例，形成检察听证服务高质效检察办案的良性循环。

### （三）推进听证实质化

1. 先听再定。为解决拟不起诉案件未听先定的问题，建议明确规定听证程序应先于应用系统上的部门负责人审核、检察长审批程序进行，检察官对案件提出拟不起诉处理意见的即可建议进行听证。听证程序完成后，根据听证情况再进行审核、审批，对案件处理作出决定。建议《听证流程指引》对此进一步明确。

---

① 《检察机关案件管理部门贯彻落实〈最高人民检察院关于加快推进新时代检察业务管理现代化的意见〉的实施意见》提出，研究探索对拟作不起诉决定、不支持监督申请等具有诉讼终局性决定的案件，开展逐案听证。

2. 落实听证员“随机抽取为主，指定抽取为辅”选任要求，建立指定抽取、选任库外听证员相关监督机制，强化对听证员管理。《听证流程指引》明确了“按照‘随机抽取为主，指定抽取为辅’的原则”抽取听证员。听证员的选任是听证非实质化的重要主体因素，听证员监督作用之外的“外脑”作用、释法说理、化解矛盾等价值功效均对听证员非同质化要求较高，一定程度的随机抽取方式有利于避免“内定”听证员导致的听证过程、听证评议流于形式等听证非实质化问题，但过于随机的“盲选”听证员势必使听证工作从一种形式主义步入另一种形式主义。根据听证工作具体需求、目的匹配最适合的听证员是听证实质化的应有之义，建议可通过加强内外部监督制约方式进一步完善听证员选任工作。规定指定抽取、选任库外听证员需经检察长审批，对检察官选任听证员的自由裁量权进行必要规制，在合理授权与有效监督之间趋于合理、平衡。同时，听证规范制度应明确规定案件当事人对听证员申请回避的权利；一方面以落实当事人诉讼权利保障的方式促进实体公正，另一方面从外部监督的角度确保听证员选任的公正合理。另外，从听证员进入、退出机制、履职考核评价等维度加强、完善听证员、听证员库建设管理，为听证实质化夯实主体要素配套供给基础。

3. 建立听证评议意见报告制度。听证评议意见仅为检察官审查案件提供参考，这也契合了“谁办案谁负责、谁决定谁负责”司法责任制理念。本文认为，听证评议意见并无区分多数意见、少数意见、个别意见的必要。建议可参照《公益听证指引》规定精神，听证评议意见不同的，可以分别发表意见，最大限度发挥听证评议“兼听则明”的作用。同时，建议明确，听证评议意见情况必须写入案件审查报告，并向检察长报告；如案件需提交检委会决定的，检察官应向检委会报告听证评议意见情况。是否采纳听证员的评议意见应为检察官自由裁量权的一部分，是否采纳听证员意见、是否采纳听证员多数意见既不能阻却检察官司法责任，也不应成为追究检察官司法责任的事由。当然，检察官在审查报告中对听证评议意见的评析及采信可作为豁免司法责任的申辩理由和内容，发挥采纳听证评议意见阻却司法责任的积极作用，充分调动检察官“应听尽听”的主观能动性。

# 案件流程监控实质化研究

## ——以江西省南昌市西湖区人民检察院 2019—2023 年案件流程监控案例为样本

李世峰　涂梦云　万欣雨*

目　次



* 李世峰，江西省南昌市西湖区人民检察院党组书记、检察长、四级高级检察官；涂梦云，江西省南昌市西湖区人民检察院党组成员、检委会专职委员、一级检察官；万欣雨，江西省南昌市西湖区人民检察院综合业务部检察官助理。

四、优化案件流程监控的对策建议

（一）转变司法理念，明确价值导向

（二）完善流程监控员配置，提升流程监控员素质

（三）构建业务部门与案管部门协同互动的新机制

（四）加强与软件公司合作，完善流程监控规则

（五）强化流程监控的刚性约束以提升监控质量

## 一、实质化案件流程监控的概念与特征

### （一）实质化案件流程监控的概念

“实质化”的概念在不同领域所表达的意思会有所不同，但都具备着将意义从抽象、理论或符号层面转化为具体、实在、可感知的层面。在法律领域，实质化则指的是将法律原则或规定转化为具体可操作的规则或程序，以确保法律的执行和适用具有实际效果。实质化案件流程监控就是指将“流程监控”的具体规则，转化为在办案实践中确保法律的执行和流程监控适用在具体司法实践中产生实际效果。

### （二）实质化案件流程监控的特征

2016年7月，最高检印发《人民检察院案件流程监控工作规定（试行）》第2条对流程监控进行了规定：“本规定所称案件流程监控，是指对人民检察院正在受理或者办理的案件（包括对控告、举报、申诉国家赔偿申请材料的处理活动），依照法律规定和相关司法解释、规范性文件等，对办理程序是否合法、规范、及时、完备，进行实时、动态的监督、提示、防控。”根据该规定，可以看出流程监控有四个限缩词，一是规定了流程监控案件受理时间范围

是“正在受理或者办理的案件”；二是规定了案件流程监控是达到“对办理程序是否合法、规范、及时、完备”；三是限定流程监控案件范围“包括对控告、举报、申诉国家赔偿申请材料的处理活动”；四是规定案件流程监控的依据是“依照法律规定和相关司法解释、规范性文件等”。根据这些规定，可以推断出实质化的流程监控应具有以下特点：

1. 实时性与动态性①：案件流程监控强调对案件办理过程的实时、动态监督。这意味着案件流程监控不是事后进行的，而是在案件办理过程中持续进行的，确保案件办理程序始终符合法律和相关规定。这种实时、动态的监督方式有助于及时发现问题，防止案件办理问题扩大化，确保案件办理的高效和公正。

2. 全面性与综合性：案件流程监控涉及人民检察院正在受理或办理的所有案件，包括控告、举报、申诉以及国家赔偿申请材料的处理活动。这表明流程监控的受案范围广泛，涵盖了人民检察院的各类案件办理活动。

3. 监督、提示与防控相结合：案件流程监控主要是对案件办理程序的监督，以程序正义达到对案件办理潜在风险的提示以及防控。实质化的流程监控应抓住影响案件公正办理的问题，如强制措施适用错误、关键节点文书有无制作、当事人诉讼权利有无保障，才能达到监督、提示与防控的效果。因此，在全面动态的监管时，必须突出重点环节、重点内容，防止处处用力、主次不分。② 这种有所侧重的方式，有助于及时纠正案件办理过程中的错误和不足，防止问题进一步恶化，确保案件办理的质量和效率。

4. 依法性与规范性：案件流程监控的依据是法律规定、相关司

① 申国军：《案件管理实务精要十二讲》，中国检察出版社 2023 年版，第 183 页。

② 申国军：《检察机关案件流程监控工作的检视》，载《中国检察官》2023 年第 23 期。

法解释以及规范性文件等。《人民检察院刑事诉讼规则》《人民检察院刑事案件办理流程监控要点》等相关法律法规文件对流程监控做出了相应规定，流程监控要依法依规，确保监控活动本身也符合法律要求，不会侵犯当事人的合法权益。同时，依法性和规范性也是保障案件办理程序合法、规范的基础。

综上所述，实质化的流程监控应在人民检察院案件办理的过程中发挥“防火墙”作用，即以相关法律法规为依据，关注每一类型案件、关注办案过程的每一步，以程序监管为主，侧重发现影响案件实体处理问题。依据相关法律法规，不直接下场插手办案过程，而是通过发出口头流程监控、书面流程监控对办案进行监督，为人民检察院高质效办好每一个案件提供有力保障。

## 二、 西湖区院2019—2023年案件流程监控分析

### （一）2019—2023年案件流程监控情况

2019—2023年西湖区院发出的流程监控案件数为130件、138件、67件、38件、73件，从发出的类型看，大部分是口头监控，书面监控比较少。2019—2023年，口头流程监控所占比例除2023年为71.23%外，均超过了80%，而书面流程监控所占比例较低，2019年占比仅为4.62%，2022年占比仅为2.63%。根据《人民检察院案件流程监控工作规定（试行）》以及《人民检察院刑事案件办理流程监控要点》的相关规定，系统操作不规范、文书遗漏等违规办案情节轻微的，应当向办案人员进行口头提示，或者通过检察业务应用系统提示；办案程序不规范情节较重的，应当向办案部门发送流程监控通知书，提示办案部门及时查明情况并予以纠正。西湖区院口头流程监控发出较多，书面监控比较少，说明流程监控发现的问题都是集中在“系统操作不规范、文书遗漏等违规办案情节

轻微的”问题，对于不规范情节较重的，发现较少。

在流程监控案件发出案件类型方面，刑事检察流程监控案件占比大，其他类型案件占比小。2019—2023年，刑事检察流程监控案件占比除2023年为71.23%外，其余年份均超过85%，其中，2019年更是占比高达100%、2022年占比97.37%。

2019—2023年西湖区院发出的流程监控案件发出问题主要集中在文书格式错误等表面化问题，对需要重点监管的。比如，严重违反办案程序、严重侵犯当事人权益发出的流程监控较少。2019—2023年，除2020年诉讼权利保障方面占比0.7%外，其余年份诉讼权利保障方面的发出内容为0%；检察业务应用系统使用方面则占比较大，2019—2023年，除2020年占比25.36%，其余年份占比均超过50%，2019年、2023占比更是高达80.77%、83.56%。

### （二）2019—2023年案件流程监控存在的问题

一是监控实时性与动态性有待加强。以西湖区院2024年第一季度重点案件交叉评查的张某某盗窃案为例，案件质量评查通知书中指出被害人权利义务告知书没有做，但是该案并未发出流程监控，本应在流程监控中找出瑕疵，“带病”进入下一办理程序直至案件办理结束，说明对案件办理过程的实时、动态监督不足。

二是监控类别较为单一，主要集中在刑事检察，其他类的检察业务监控较少，流程监控的全面性和综合性有待加强。笔者查阅了2019—2023年西湖区检察院“四大检察”案件办理总数和“四大检察”流程监控办理案件数，流程监控案件数除以案件总数得出“四大检察”流程监控案件发出率，分析2019—2023年西湖区院“四大检察”流程监控案件发出情况，西湖区院只有刑事检察每一年都有发出流程监控案件，且发出率比较平稳，发出区间在4%至7%。

民事检察只有在2020年、2021年发出，2020年的发出率为3.13%，2021年的发出率为7.14%，2019年、2022年、2023年三年每年案件数都有在15件以上的情况下，发出率也为零；行政检察仅在2020年发出，受行政检察办理数量影响，其余四年的发出率均为零；公益诉讼检察在2022年发出，发出率为4.26%，2019年、2020年、2021年、2023年四年，每年案件数都超过30件，2019年公益诉讼案件更是有78件，但在如此庞大的案件基数下，四年流程监控案件发出率都为零。对比四大检察流程监控发出率，可以得知西湖区院刑事案件流程监控发出率相较其他三大检察，更为稳定，发出率除2020年低于行政检察、2021年低于民事检察，其余年份均高于其他三大检察。综上，西湖区院监控类别较为单一，监控的全面性、综合性有待加强。

三是流程监控案件发现问题集中在文书格式错误等表面化问题，对案件的关键事项或环节发出的流程监控较少，流程监控的监督、提示与防控相结合有待加强。2019—2023年，西湖区院发出的流程监控案件指出的问题都集中在文书格式错误等表面化问题，如未删除格式文书等，很少有涉及严重违反办案程序、严重侵犯当事人权益的流程监控案件，流程监控的监督、提示与防控性有待加强。

四是监控权威性有待加强，2019—2023年西湖区院的流程监控案件已经提出纠正意见的问题仍持续发生，流程监控权威性有待加强。2019—2023年西湖区院发出流程监控案件数最多的是检察业务应用系统使用和文书制作使用方面，这两方面的案件数变化趋势呈波浪状并有上升趋势，并没有出现流程监控案件已经提出纠正意见情况下，变化折线呈下降趋势，反映出流程监控权威性有待加强。

## 三、 案件流程监控存在问题的原因分析

### （一）对“高质效管好每一个案件”思想的认识有待加强

“高质效管好每一个案件”是新时代新征程检察履职办案的基本价值追求，高质效管理，重在高质效，难在每一个。司法实践中，流程监控案件数量大要求高，导致流程监控存在一定程度的走形式、走过场的问题，一味追求流程监控案件数量，但对流程监控质量要求不高。以笔者所在的西湖区院为例，基层检察院流程监控的过程为“打开‘苏查查’提示—看是否提出问题预警—有则直接发给承办人—承办人整改”。一般流程监控员只会对“苏查查”提出的问题发出流程监控，如果“苏查查”没有提示，流程监控员也不会对案件再进一步地进行更深入的分析和研判，很难发现更深层次的问题，流程监控发出以监控软件提示问题为纲。但是，一些较为严重的问题仅靠流程监控软件很难发现，必须依靠人工与智能软件结合分析研判才能进一步指出，而流程监控员没有对案件进行进一步的分析研判，导致对涉及严重违反办案程序、严重侵犯当事人权益提出的流程监控比较少。

### （二）案管部门流程监控员的配置、专业素养有待提升

基层院案管部门事务繁杂，流程监控人员配备不足是普遍现象。西湖区院虽有专人负责流程监控，但不是专职，还承担部门其他工作，“四大检察”的检察新格局形成后，对流程监控员的业务素养要求大幅提高。同时，西湖区院又是江西省案件量最大的基层院之一，每日录入检察机关检察业务应用系统的案件数量大。案件数量大、要求高，但仅有一个流程监控员每日巡查，难以做到对所有案件全面监控，案管部门流程监控员配置亟须改善。流程监控强

调的是案件办理过程中的动态监督，要求时效性。但实践中，流程监控案件数量大要求高，流程监控员数量少知识储备还需更新，从而导致难以做到对每个案子进行实质化流程监控，或者流程监控中发现了问题，但是案件办理时效已经过去，难以做到同步监控，以致案件流程监控流于形式。

### （三）流程监控软件规则有待完善

实践中，流程监控软件的规则还不能完全匹配案件进展变化情况，导致发出提醒的流程监控问题并不真实存在。以笔者所在的西湖区院为例，采用的流程监控软件“苏查查”出现过多次流程监控提示检察官未出具认罪认罚具结书的流程监控提醒，但实际上犯罪嫌疑人在检察机关确实未认罪认罚，到法院审判阶段，犯罪嫌疑人认罪认罚，法院就会要求检察机关出具量刑建议书，而此时，流程监控卫士就会发出提醒，没有认罪认罚文书，但存在量刑建议，要求整改，但实际案情就是如此，并不存在错误，流程监控卫士多次发出错误提醒。一方面导致流程监控员需要花费更多时间核实问题，手动核验通过，浪费更多时间；另一方面多次报错导致案件承办人对流程监控卫士提出的问题重视度不够。

### （四）流程监控的刚性约束较弱

流程监控的刚性约束不足，流程监控的结果对被监控者没有实际影响。以笔者所在的西湖区院为例，流程监控中发现了问题，案管部门只能提醒承办人积极整改，但没有刚性措施约束承办人积极整改。此外，流程监控的结果也不与业绩考评、职级晋升、工资待遇挂钩，导致承办人不够重视，导致流程监控案件已经提出纠正意见的问题持续发生，流程监控刚性约束有待加强。

## 四、 优化案件流程监控的对策建议

### （一） 转变司法理念，明确价值导向

“高质效办好每一个案件”是对“努力让人民群众在每一个司法案件中感受到公平正义”这一对司法公正的原则性、基础性要求的贯彻落实，是工作理念，也是工作抓手。高质效办好每一个案件在案件管理部门就是“高质效管好每一个案件”。流程监控不应只追求数量，而应该追求高质量，

司法实践中应摒弃“走过场、走形式”的思想，认真分析研判每一个流程监控案件，抓好全流程管理的同时，抓住监管重点方面，推进流程监控实质化。

### （二） 完善流程监控员配置，提升流程监控员素质

在提升案件流程监控质量的过程中，人工管理是基础，要从人员配置、专业培训上发力，培养高素质的流程监控人才。

一方面是完善案管人员配置。案管部门检察人员作为“检察官中的检察官”需要对检察院各项业务都很了解，配备案管检察干警时，需要综合考虑从检年限、岗位经验、综合素质、年龄层次等方面，将具有较强法学基础、综合素能好又具备较丰富检察业务工作经验的年轻检察官调整充实到案管队伍，充实壮大案管部门，并且要保证案管部门有且至少有一名入额检察官负责流程监控工作，以确保高效开展流程监控工作。要积极运用青蓝工程导师制度，做好流程监控的传帮带，以防出现流程监控人才断层，青蓝工程导师也需要用心传导工作经验，帮助年轻人尽快成长。

另一方面是加强流程监控专业培训。为了进一步强化流程监控在司法体系中的作用，需要在流程监控的专业培训上投入更多精

力，确保培训内容与形式的针对性和实效性。首先，要丰富培训内容，确保针对性。一要做到业务流程全面解析，邀请各业务条线的专家能手和业务骨干，为流程监控员详细讲解各项检察业务工作的具体流程、内容、关键节点及常见问题。通过深入了解业务，流程监控员能够更准确地把握监控重点。二要以案促学，结合流程监控典型案例，分析在流程监控中可能遇到的问题和挑战，为流程监控员教授识别问题的方法和技巧，从而能够更快地发现问题、提出解决方案。其次，要创新培训形式，增强互动性。可以组织流程监控员到流程监控工作开展较好的检察机关进行实地考察和交流学习。通过亲身体验和深入交流，流程监控员能够更直观地了解先进经验、发现自身不足，并寻求改进方法。还可以充分利用高校资源，如利用中国人民大学案管研究基地，派出流程监控员前往学校学习，采用专家授课的形式，同时设置互动问答环节，鼓励流程监控员积极提问、交流心得。最后，以赛促练，要加强检察业务软件应用培训。可以定期在案管条线举办检察业务软件比赛，以赛促练，确保流程监控员能够熟练掌握软件操作技巧，提高监控效率。同时，也应多举办流程监控软件应用培训、学习，使得流程监控员能够更快速地获取和分析数据，为监控工作提供有力支持。

### （三）构建业务部门与案管部门协同互动的新机制

为了促进流程监控工作的顺畅与高效，检察机关需积极构建业务部门与案管部门之间新的协同互动机制。[①] 一方面，明确一对一对接机制。各业务部门确定好一名人员与流程监控员对接，由该名人员反馈部门检察官流程监控问题及整改措施，以笔者所在的西湖

① 陈孝正：《新时期案件流程监控相关问题研究》，载《〈上海法学研究〉集刊2022年第19卷——京津沪渝法治论坛文集》。

区院为例，以部门对接，流程监督员仅需要对接7个部门，但以独任检察官对接的话，则需要对接25名检察官，直接与部门的流程监督员内勤对接的话，将大大减少流程监控员不必要的沟通时间，让流程监控员的更多时间用于发现案件的实际问题。

另一方面，定期召开跨部门协作会议。检察机关应定期召集业务部门与案管部门的负责人及相关人员，召开跨部门协作会议。会议频率可设定为每月或每季度一次，也可以根据实际需要灵活调整。在协作会议上，案管部门可主动向业务部门反馈在流程监控中发现的突出问题。同时，业务部门也可向案管部门报告系统运行中遇到的普遍性、突出性问题。双向问题通报后，案管和业务部门就所通报的问题进行深入研讨，共同找出解决方案，确保问题得到及时有效的处理，持续推动流程监控工作的优化。协作会议提出的问题，应当积极总结评估，总结经验教训，提出改进措施，并持续跟踪改进效果，从而促进流程监控工作的顺利进行，为司法工作提供坚实保障。

### （四）加强与软件公司合作，完善流程监控规则

在当今科技迅猛发展的时代，智能化建设已成为各行各业提升工作效率、实现管理现代化的重要途径。对于流程监控工作而言，智能化更是不可或缺的关键要素。流程监控的核心在于全面全程监控，而智能化则是实现这一目标的有效手段。①

检察机关检察业务应用系统内已经增加了案件流程监控，“苏查查”就是流程监控软件之一。实践中，“苏查查”经常出现没有问题但报错的情况，说明有些校验规则还可以进一步改善。

本文认为，“苏查查”系统应当向具备高度的实时性和智能化

① 最高人民检察院案件管理办公室组织编写：《〈人民检察院刑事案件办理流程监控要点〉条文解读》，中国检察出版社2021年版，第3页。

发展，以确保程序、文书等的监控与案件办理进程的同步共享。具体来说，“苏查查”系统应当实现以下功能：一是实时监控与自动提示。“苏查查”系统应能实时监控各个节点的进入和离开，以及文书的入卷操作。当某个节点或操作出现异常或不符合规定时，系统应能自动触发提示，提醒相关人员注意并进行处理。这种实时性可以确保问题得到及时发现和解决，避免对案件办理进程造成不必要的延误。此外，这种实时性应该是智能的，符合案情的。比如，检委会审议的案件有听证情况，业务部门反馈了《听证意见表》，“苏查查”则一直报错需要检委会案卡填录听证时间，而实际上，检委会没有听证案卡。二是自动阻却功能。在某些特定情况下，“苏查查”系统应具有自动阻却功能。例如，当某个关键节点未完成或存在错误时，系统可以自动阻止案件进入下一个环节，以避免因错误操作导致的问题进一步扩大。这种功能可以确保案件办理流程的规范性和准确性。三是流程监控与案件办理进程同步共享。“苏查查”系统应能实现流程监控与案件办理进程的同步共享。这意味着承办人和流程监控员可以随时了解案件的最新进展情况，以及各个环节的完成情况。这种同步性可以确保信息的及时性和准确性，为案件办理提供有力支持。要实现该设想，需要不断完善流程监控规则，尽可能穷尽案件办理情况中出现的所有程序可能性，使得监控软件高度智能。

此外，还可以以大数据运用为基础，以信息技术为依托，不断提高“苏查查”系统的监督管理水平。如“苏查查”还可以引入侦查活动监督系统、法检互联系统、大数据分析服务系统、案件质量评查系统等检察大数据应用系统的运用，实现对员额制检察官办案过程和结果的全程监控、全程留痕，提升流程监控的智能化。

### （五）强化流程监控的刚性约束以提升监控质量

在提升监控质量的过程中，加强流程监控的刚性约束是不可或缺的一环。针对当前流程监控效果不理想、缺乏刚性约束力的现状，可以从以下几个方面提升流程监控的约束力：

一是建立流程监控结果与检察官业绩紧密挂钩的考评制度。为了确保流程监控结果能够真正发挥制约作用，需要建立一套科学、合理、系统的检察官业绩考评制度。这一制度不仅要考核检察官的办案数量，更要将案件质量和流程监控结果纳入其中。这样一来，检察官在办案过程中就会更加注重案件质量和流程规范，从而推动流程监控取得更好的成效。

二是完善检察官司法档案管理系统，记录流程监控情况，并将流程监控情况运用至检察官人事任免、职务晋升。首先，司法档案除了记录检察官的办案数量和结果外，还应将流程监控的详细情况、案件处理的质量评估等信息纳入司法档案，形成检察官完整的司法行为记录。其次，要发挥司法档案在检察官的人事任免、职务晋升等关键环节的参考作用，检察官流程监控出现问题较多的，在职务晋升等方面要被扣掉一定的分数，从而发挥流程监控的作用。

三是加强流程监控与其他工作的协同。一方面，与案件质量评查深度融合，将流程监控与质量评查紧密结合，使得流程监控发现的问题成为案件质量评查的重要线索，并成为业务数据分析研判会商的重要内容。具体来说，流程监控员应重点筛查发出书面流程监控的案件，就流程监控中发现的涉及“事实认定、证据采信、法律适用”等办案实体性问题，移送作为开展案件质量评查重要线索，之后，在业务分析会商上，选择有代表性、有突出问题的案件重点讨论，由个案监督推动形成类案态势管理，并形成常态化通报机制，避免以后同类问题的产生。另一方面，要深化流程监控结果运用，与检务督查部门做好衔接，将问题严重的流程监控案件移送检务督查部门作为司法责任追究的线索。

# 检察业务管理现代化视角下检察机关内部联动管理机制研究

饶红敏*

目　次



* 饶红敏，江西省南昌铁路运输检察院三级检察官。

随着经济社会的发展，人民群众对司法公正有了更高的期待，对在每一个案件的办理中实现公平正义有了更强的诉求。在新征程上，检察机关如何顺应新形势下经济社会发展的需要，为大局服务、为人民司法，更好地实现办案和业务高质量发展，离不开优质高效的案件管理工作。2024 年 1 月，最高人民检察院制定《关于加快推进新时代检察业务管理现代化的意见》，聚焦以检察业务管理现代化促进“高质效办好每一个案件”，助力法律监督质效双提升，努力让人民群众在每一个司法案件中感受到公平正义。在服务保障检察工作现代化进程中，案件管理向主体更加多元、内容更加全面、效能更加突出的检察业务管理发展演进。联动管理是检察业务管理现代化的必然要求，是健全检察业务管理机制的重要模式，也是优化检察业务管理模式的基本路径，有助于检察机关高质效履行检察业务管理职责，在司法办案和业务管理中最大限度发挥主观能动性，为推动个案质量、效率、效果提升和整体业务全面、充分、平衡发展提供更好的管理保障，引领促进各项检察工作要求有效落实，确保公平正义更好更快实现。

## 一、 联动管理是推进检察业务管理现代化的迫切需求

检察机关案件管理要与案件办理同心同行，随着检察改革与时俱进，更好释放以案件管理促进案件办理的制度效能。2024 年 1 月，最高检出台《关于加快推进新时代检察业务管理现代化的意见》（以下简称《意见》），以“检察业务管理”替代通常使用的“案件管理”，其涵盖范围更广，构建起以宏观管理为统领，自我管理、专门管理和协同管理相互融合的检察业务管理现代化体系。在检察业务管理现代化背景下，形成案件管理工作新格局，要推进管理机制和管理模式的自我变革，指引检察机关案件管理正确发展方向。这体现了新时代检察机关案件管理的发展思路、发展方向及发

展着力点，明确回答了在新时代实行什么样的案件管理、怎样实现更好案件管理的重大问题，对于转变管理方式、优化管理结构、提升管理能力，以检察业务管理现代化服务保障检察工作高质量发展具有重要意义及迫切需求。然而，顶层设计的理念要转化成为基层检察业务管理的实践，仍然需要破解两大难题。

一方面，办案人员存在“重办理、轻管理”的思想偏差。以往，检察机关案件管理沿袭“谁办理、谁管理”的传统，但由于基层检察机关办案部门办案任务重，往往存在“重办理、轻管理”的问题，案件管理部门的成立在一定程度上解决了管理与办理的偏重问题，但同时也导致办案部门越来越依赖案件管理部门进行专门管理，自我管理意识逐步淡化，甚至出现了“只办案不管理”的错误认知。全面推进检察业务管理现代化应明确检察业务管理在总体检察业务工作中的基本定位，着重解决办理与管理的关系问题，即坚持案件管理与案件办理并重，这对办案部门的自我管理进行了重新定位和再次强调，虽然从理念上进行了及时的纠偏，但长久形成的思想偏差积重难返，“案多人少”问题也没有得到根治，业务管理的供需矛盾仍然突出。

另一方面，办案部门存在“重指导、轻协作”的管理倾向。检察业务管理主要包括纵向的一体化和横向的一体化。《人民检察院组织法》第 24 条、第 25 条规定了检察机关上下级之间的领导关系，第 29 条至第 33 条又明确了检察长、检察委员会对检察官的领导关系，但没有对不同内设机关之间的关系加以规定。《意见》第 28 条“构建检察业务管理一体化运行机制”，同样仅规定了上下级领导关系，以及明确了案件管理部门的枢纽作用。随着检察机关办案不断向专业化、精细化发展，上下级管理的力度更加明显大于同级管理，导致检察业务管理一直处于一种纵强横弱的状态。长期以来形成的惯性思维，导致办案部门在开展自我管理时，往往都局限在本部门、本条线，业务管理呈现封闭性趋势，而这种封闭性又进一步造成了制约机制和配合机制的双重隐患。

检察业务联动管理，就是聚焦“高质效办好每一个案件”目标导向，以提升司法办案质效为出发点，以“整合”“协同”为关键，在监督履职中遵循检察一体化原则，依据各部门、各环节之间的承接联系，充分发挥案件管理部门集中高效、汇集实务智慧的作用，促进各办案部门之间的良性互动，打破各办案部门信息封锁、各自为战的局面，畅通“四大检察”之间的联系，与上下级管理共同构建起上下一体、内部联动的全方位、立体化的“大管理”格局，进而牵引检察业务整体向前，推动“四大检察”全面协调充分发展。

## 二、内部联动管理机制的基本原则

### （一）系统原则

《意见》中的业务管理是检察机关的“大管理”，而不是案件管理部门的“小管理”。① 内部联动管理的目标，首先是打破“小部门”的内部管理界限，使自我管理与专门管理、协同管理更好地结合起来，进而更加全面地融入检察业务管理的整体格局当中。因此，联动机制必须坚持系统原则，强化检察业务管理的系统思维和全局观念，将以往的碎片化监管加以整合，形成一套预测问题、发现问题、解决问题、总结问题、反馈问题、避免问题于一体的业务管理循环体系。既要加强宏观思考，突出思想深度，也要强化大局意识，提出对策建议，及时发现问题并解决问题、推动业务工作持续改进。案件管理部门只有立足检察业务管理体系的中枢地位，融

① 申国军：《以业务管理现代化促进高质效办好每一个案件——科学理解最高人民检察院〈关于加快推进新时代检察业务管理现代化的意见〉》，载《人民检察》2024 年第 8 期。

合办案部门的管理，加强与相关部门的配合，共同发现、解决业务运行中的问题，才能进一步提升检察业务管理体系、机制和管理能力现代化水平。

（二）增值原则

检察业务管理的联动机制，有利于破除部门壁垒，解决各自为战、“信息孤岛”的弊端。联动管理，并不是简单地将各部门职能相加，而是要尽可能发挥各管理主体之间的专业和优势。例如，具有丰富办案经验的办案部门，在自我管理中更加擅长对个案实体质量的把控，而负责流程监控和数据管理的案件管理部门，在专门管理中更加熟悉个案程序问题的监管和数据趋势的分析，因而在联动管理过程中要充分发挥二者的优势，把实体管理与程序管理、个案管理与整体管理、阶段管理与全程管理统筹起来。联动机制有助于加强检察机关内部跨业务统筹，对涉及检察业务全局、跨部门跨条线的业务管理，如法律监督线索管理、检察听证、人民监督员工作等，案件管理部门牵引各业务部门联动推进，形成落实合力。

（三）边界原则

各管理主体在联动管理的同时，需要保持正常的管理边界，不能干扰其他部门正常的司法办案活动程序及管理秩序。既要处理好业务管理与司法办案之间的关系，使业务管理到位而不越位，使司法办案权独立而不恣意，更要处理好他律与自律的关系，以有效的管理制度机制强化检察官的自律意识，积极推动检察官群体自我管理、自我评价机制形成，自觉依法独立公正行使司法办案权。要处理好局部与整体的关系，加强自我管理、专门管理与协同管理之间的协调配合，完善业务管理与案件办理之间的内在联系，凝聚形成管理合力。

## 三、 内部联动管理机制的模式构建

检察机关的内部联动管理，既不是上下级之间的业务领导，也不是检察长、检察委员会对于办案部门的宏观领导，同时也不等同于或依赖于案件管理部门的专门管理，而是紧跟业务发展态势、契合业务发展规律、解决业务实际问题的业务管理制度机制的现代化发展。检察机关应立足检察一体化体制优势和司法责任制改革实际，充分调动和发挥办案部门、案件管理部门、协同管理部门等各管理主体之间的优势，探寻具体业务管理工作中的共通点和结合点，努力实现资源共用、业务共通、人员共联、成果共享。

### （一）联动主体

内部联动管理机制的主体，应当由刑事检察、民事检察、行政检察、公益诉讼检察等办案部门，与案件管理、协同管理等部门共同组成，并共同成立联动管理协调小组，将相对分散的联动主体串联起来。联动管理协调小组的成员为各部门负责人，小组不设领导职位，全体成员均为平等主体关系，均可启动联动管理事项，并由发起部门负责联络其他相关部门。为促进联动管理的有序协调，可以由案件管理部门负责人担任居间协调人，为发起部门和协作部门提供联动的枢纽。

### （二）联动发起

为避免政出多门或各行其政，内部联动机制在具体联动项目的运行中，首先要明确动议的发起部门，以发挥统筹管理和多方协调的作用。在检察业务管理事项涉及多数部门或者整体性工作时，一般由案件管理部门作为发起部门；而对于涉及少数部门的局部性工作，则可以由项目启动部门或者负责任务量较大的部门作为发起部门。发起部门和联动部门，都应当指定一名联络人负责日常的信息传递和工作衔接，以点连线共同建立起联动管理的“网络”。

### （三）联动方式

由于内部联动管理的客体非常丰富且多元，因而联动方式一般应当因时、因事制宜，但对于联动管理后的推进落实，仍然需要明确相对应的联动方式。例如，对于联动过程中需要进行多方协调时，应当定期或者适时召开联动座谈会，以面对面交流的方式讨论交换联动意见，争取达成共识。对于联动管理中发现的苗头性问题、趋势性现象，可以组织对案件、业务数据等开展联动分析，共同形成联动分析研判报告。对于联动督导中发现的严重问题，不仅要通过联动分析解读其背后的深层次成因，还可以采取联动通报等方式进行联合监督，使联动管理凸显刚性。

## 四、 内部联动管理机制的实践路径

新时代检察业务管理既要兼顾精准与高效，尽可能降低“管理成本”，也要保持适度的前瞻与预见，实现“谋当下”与“谋长远”相统一。内部联动管理涉及业务管理工作的方方面面，涵盖检察办案的程序、实体、数据等诸多层面，既有案件管理部门统筹负责的事项，也有办案部门之间相互衔接的业务。因此，内部联动管理机制的有效运行，不仅要加强各部门之间的沟通和协调，更重要的是明确联动机制的运行内容，以保证联动的规范和有序，凝聚形成管理合力和良性工作互动，在服务高质效检察履职中更好地体现业务管理职能作用。

### （一）枢纽联动

自 2011 年最高检在全国检察机关开展案件管理机制改革以来，

案件管理理念不断更新和深化，案件管理部门的职能定位也经历了由“枢纽”到“中枢”的转变，不仅意味着案件管理工作面临更高的要求、更大的责任，更强调深化案件管理现代化，充分发挥检察业务管理在推进新时代检察工作现代化中的作用。应勇检察长强调，案件办理和案件管理犹如“车之两轮”“鸟之双翼”，高质效办案必然要求高质效案件管理，案件管理部门要敢于管理、善于管理、合力提升监督办案质效。

在检察业务管理现代化体系中，案件管理部门的中枢作用是推动联动管理的重要保障。坚持案件办理与业务管理并重，加快推进检察业务管理理念、体系、机制、能力现代化，就是要充分发挥案件管理部门在程序管理、质量管理、数据管理等方面的优势，从程序监督到实体监督，从数据管理到业务数据分析研判，为办案部门提供更加宏观、全面、客观的管理建议，从而帮助自我管理更加高效、务实运行。同时，办案部门也要充分发挥办案一线的优势，积极融入业务管理的全过程当中，通过自我管理和专门管理的协同联动，实现办案质效的有效提升。

1. 程序联动。检察机关通过流程监控实时动态监督、提示、防控案件受理、审查、交办、办结等各个环节，涉及办案权限、办案程序、办案文书、办案期限、系统应用、信息公开等多个方面。流程监控仅由案件管理部门实施，难以实现全面、实效监控，办案部门应安排专人加强流程监控，检察官要对自己所办理的案件程序进行自我管理。据此，案件管理部门应以办案全流程、监管全覆盖为方向，加强与办案部门的协调联动，依托检察业务应用系统，构建诉讼权利保障、涉案财物监管、案件信息公开等多环节联动的流程监控体系，及时反馈和跟进履职过程中发现的不规范情形，高效融合资源。案件管理部门对流程监控中发现的办案违规、不规范等问题，根据严重程度，可采取口头、书面等方式向承办检察官提出纠正意见并督促整改；针对反复性、普遍性问题，应通过书面或者会议等方式向相关业务部门提出整改意见。办案部门在流程监控中发现的倾向性、苗头性问题，应告知案件管理部门，共同研判解决；检察官在自我管理过程中发现的办案系统监控规则不准确、关联程序不规范等问题，应同步告知案件管理部门，纳入监控或研判范畴。

2. 实体联动。案件管理部门肩负着对司法办案的监督管理职责，应强化“在业务管理中抓业务指导、在业务指导中加强业务管理”意识，更主动、更及时地对检察业务工作进行统筹，以指导司法办案、推动工作开展。案件管理部门要以案件质量评查为切入点，积极探索与办案部门实体监管联动、融合机制，推动案件管理部门专门管理与办案部门自我管理相互融合，更好以“实体联动”融合发展推进检察业务管理现代化。在评查队伍方面，应强化检察内部协作，案件管理部门可以联合业务部门合力组建专业化评查队伍，从各业务部门择优选择政治素质高、业务能力强、司法经验丰富的业务骨干与专职案管人员共同组成案件质量评查人才库，组织开展案件评查工作时从评查人才库中选取人员成立评查小组。在评查实施方面，案件管理部门可以联合办案部门共同开展专项评查，聚焦特定类型、特定问题、特定环节等进行评查。在评查整改方面，可以就评查发现的共性问题，由案件管理部门牵头在办案部门开展类案讲评、集中整改。在评查效果方面，针对评查中发现的典型性、多发性、严重性问题，案件管理部门可以组织召开分析研判会，与办案部门一起深挖原因，提出意见建议，提交检察委员会研究建立业务工作长效机制，共同促进规范司法。

3. 数据联动。案件管理部门要拓宽工作思路，正确认识监督管理与执法办案的辩证统一关系，全面推进监管模式、方法、机制等方面的革新，充分发挥案件管理在促进业务高质量发展方面的最大效用，促进办案与监管双赢多赢共赢，为人民群众提供更加优质的法治产品、检察产品。在业务数据分析研判会商中，案件管理部门分析业务发展趋势、特点和存在的问题，深挖问题背后深层次原因，并提出解决问题、改进工作的对策措施，初步形成业务数据分析报告；办案部门结合业务工作需求，围绕案件管理部门的业务数据分析报告集中把脉会诊，进一步提升分析研判的广度、深度、精准度，最终形成检委会决策部署，指导检察业务的有效开展。通过数据会商联动，分析研判的方式更加专业，研判的效果更加精准，使业务分析研判有效转化为服务领导决策的有力举措。此外，法律政策研究部门肩负着检察机关“智库”职能，推动其与承担检察业务“中枢”职能的案件管理部门有序衔接、深度融合，有利于更好地实现资源整合共享，互促共进、相得益彰。案件管理过程中形成的各类通报、指引、分析、研判等材料，更多的是针对具体的某项问题、情形，如何将这些成果进行梳理提炼总结，并转化上升为可长效应用的规范性机制，则案件管理部门需要与法律政策研究部门加强配合，搭建好信息共享、问题共商、线索共研、发展共谋的联动衔接机制。例如，案件管理部门在流程监控过程中，就多发性、突出性问题与办案部门联动开展梳理和核查，共同编发相关的流程监控指引，而法律政策研究部门也可以将指引中的成熟规则进行提炼，出台相关制度规范，指引案件规范化办理。

在枢纽联动中，案件管理部门不能仅满足于表面上的问题发现和形式上的线索移送，而要着力推动程序、实体、数据联动管理的实质化开展，挖掘案件管理本身从“程序问题”管理切入到“权利保障、裁量权规范”的实质管理面向，从表面的、临时变动的数据汇总切入到“关涉案件实质争议的、办案“三个效果”统一目的实现的”具体体制问题的解决之中，使枢纽联动更好地发挥着眼全局、把握变局、服务大局的功用。同时，案件管理部门要突出数据分析优势，展开大数据整理，利用“同侪”对比，及时发现分析异常现象，细化微调对标对表所需完成的各项工作，发现与解决实务问题，灵活把握实际评价原则，努力实现检察业务科学管理的长远目标。

（二）业务联动

与枢纽联动相比，“四大检察”业务之间的联动，往往都体现在刑行衔接、刑事附带民事、行政、公益诉讼等具体个案办理方面，在业务管理方面的联动较少。然而，检察履职办案不是孤立的，“四大检察”各自履职中，都应坚持系统思维，统筹考虑相关法律规定，敏于发现其他检察业务的问题线索，防止各自为政、相互封锁、相互掣肘。为提升检察履职监督实效，应完善“四大检察”协调联动机制，形成融合式、贯通式“案件化”监督管理模式，寓监督于支持、以制约促配合。

1. 线索联动。不同部门之间要增强跨部门线索的发现和移送意识，特别是发现不正常的办案程序和实体问题，可能存在司法工作人员违法甚至职务犯罪问题的，应当及时移送相关业务部门、检务督察部门依法办理。例如，刑事检察部门在办理生态环境和资源保护、食药安全等领域犯罪案件时，应当注意将公益损害线索移送公益诉讼检察部门，对有关行政机关是否依法履行了法定职责等进行审查，一体履行检察监督职责。民事检察部门办理虚假诉讼监督案件，发现虚假诉讼涉嫌犯罪的，也应当将线索移送刑事检察部门审查。除了日常联动管理外，各办案部门还应当加强专项业务联动，针对类案或者一段时间内办案中发现的问题进行联合监管，避免重要线索遗漏或流失。如公益诉讼检察部门发现食药环领域刑事案件数量与公益诉讼线索数量严重不匹配时，可以联合刑事检察部门对一段时间内已办结的涉食药环刑事案件开展联合评查，重点检查是否存在公益损害线索移送不及时、不到位的情形。

2. 项目联动。对于涉及多部门的检察工作项目，主要责任部门或者牵头部门往往独臂难支，需要借助各相关部门的力量，共同推动项目的精准、高效开展。因此，针对涉外、涉访、涉企、涉民生等涵盖多领域甚至“四大检察”全覆盖的检察业务工作，各相关部门都应当融入联动管理的运行当中，通过定期会议、联合检查、专题研判、实地督导、分析通报、工作考评等方式，推动项目实质化运行。对于重点任务的进展及完成情况，不仅牵头部门要加大督查督导力度，而且各相关部门也应当在任务分工范围内进行督促落实，确保项目的每一项内容、每一个环节都能够落实到位。法律政策研究部门、检务督察、宣传教育等部门作为协同管理部门，也要结合自身职能，扎实做好项目成果的转化和运用，通过典型案（事）例、宣传报道等方式延伸检察职能，共同促进社会治理。

### （三）协同联动

检察业务管理首先是对案件的管理，但是案件是由检察官办理，因而归根到底还是对人的管理。推进检察业务管理现代化要坚持管案与管人相结合，把业务管理与干部教育培训、选拔任用、考核评价、评先评优等结合起来，促进业务管理与干部管理衔接互动、协调运转，打通自我管理、专门管理和协同管理的正负向衔接渠道，以管案促管人，以管人促管案，实现管案与管人互促共进、同向发力。

1. 考评联动。科学高效的检察官业绩考评工作，有利于增强检察官依法办案、履职尽责、担当作为的自觉性，是深化检察改革的必由之路。[①] 协同联动有助于建立符合检察规律的科学绩效考评机

---

① 邵汝卿、王文新：《基层检察机关检察官业绩考评机制的探索与实践——以烟台检察机关推动案件管理“四化”试点为例》，载《中国检察官》2020年第21期。

制，充分发挥对检察官司法业绩评价导向作用。

2. 奖惩联动。案件管理部门和办案部门要统筹流程监控、质量评查等正向成果，将开展流程监控、案件质量评查等工作中发现的优质案件、优秀法律文书、工作成效经验等线索以书面形式移送给政工人事部门，并在司法档案和司法绩效考评档案中记录留痕，作为考核奖惩、选拔任用、晋级晋升的重要参考。比如，在开展案件质量评查过程中，将评查发现的优秀法律文书、评定的优质案件移送政工人事部门，纳入检察人员考核，把案件质量评查结果与个人荣誉、奖励相挂钩，以提高办案人员争先创优的积极性，实现对“案”的评价和对“人”的考核同向发力、互促共进。政工人事部门要切实将正向线索转化为对检察人员的评价，影响检察人员职务晋升、交流使用和工资待遇等切身利益，有效发挥联动管理的正向引导作用。

3. 监督联动。强化案件管理部门与案件办理部门、检务督察部门之间的联动配合，形成检察机关司法办案内部监督合力。案件管理部门和业务部门在流程监控、案件质量评查、专项核查过程中发现案件存在违反检察职责的线索，应当及时移送检务督察部门，由检务督察部门开展个案督察或者专项督察，以确定检察人员在司法办案中是否涉嫌不正确履行检察职责或者存在廉政风险、违反“三个规定”的情形。检务督察部门对于其他部门移送的违法违纪线索，应当及时启动相应督察及问责程序，也可联合案件管理部门对办案人员开展提醒谈话、督促整改，增强监督刚性，倒逼规范办案，提升办案履职规范化水平。检务督察部门应同步建立结果反馈机制，就案件管理部门移送的线索及时反馈处理结果，形成“线索移送+查办反馈”的衔接闭环。

# 检察文苑

JIANCHA WENYUAN

# 解锁案管人的一天：从清晨到日暮，服务高质效办好每一个案件

卢　功*

我是内蒙古自治区鄂尔多斯市鄂托克旗人民检察院第三检察部的一名检察官助理，也是我院案件管理中心的负责人。我每天坚守在案件管理中心，既要当好周到细致的“服务员”，也要做好坚持原则的“监督员”，把对检察事业的无限忠诚，化作平凡岗位的忘我坚守，努力为服务高质效办好每一个案件贡献自己的点滴力量。

清晨，我到达工作岗位的第一件事就是数据审核。登录检察业务应用系统，对前一天检察官填录、修正的案卡进行审核，发现填录不规范的情况登记在册，并第一时间与承办检察官联系沟通、及时修正。审核工作可以确保数据全面、准确、客观地反映检察业务，有效规范司法行为。然后，例行的程序性信息公开操作一下。月初是案管人最忙碌、最重要的时间，我第一时间查看报表，及时记录，为完成分析报告做准备，也方便领导同事们询问的时候能够快速提供有效信息。

作为检察机关的“入口关”，我对移送的案卷进行逐一审查：是否整齐规范、是否属于本院管辖、是否材料齐全等，快速录入后

* 卢功，内蒙古自治区鄂尔多斯市鄂托克旗人民检察院第三检察部检察官助理。

根据最近推行的繁简分流工作要求，及时将案件分配给对应的办案组。有一个案件的被害人还没有获得赔偿，我根据“三查融合”的规定，将情况告知控告申诉部门的检察官，同时向刑检部门的检察官发出工作提示。近两年，案件的受理流转需要注意的事项明显增多，繁简分流、三查融合线索等，虽然烦琐，但我始终严谨认真、严格把关，对符合标准的案件“当日受理、当日录入、当日分案”，保证案件高效流转。

“小卢，系统里发送了邀请人民监督员的申请，你看一下。”“小卢，有个案子变更承办人，申请发过去了，你看一下。”“好的，好的，马上办。”这些工作会随时不可预测地出现。我的电话也算是院里的“热线”。我看了看工作手账，趁着有点空隙，赶快把政治部送来的犯罪记录查询工作做了……一上午的时间很快就过去了。“小卢，纪委监委那边打电话过来，今天有个案子移送，提前介入过的，他们在来的路上了，可能辛苦你中午收一下，我们下午好早点做文书，早点把人投所。”“好的，姐，你把我电话留给他们，来了给我打电话。”根据经验，对方怎么也得 20 分钟才能到，我抓紧去食堂吃饭，回来再录案子。

下午，我先去完成进社区的工作任务，上午苏姐就说好下午要起诉案子，还有涉案财物要出库，所以还要赶回来。送案结束，继续研究我的“大工程”。前几天受理案件时，公安机关移送案件时将退查重报报告的落款日期填写为正确日期，但实际送案日期已超期限。经与刑检部门的同事沟通，他们建议案件管理部门对该类案件进行一下清查。通过前几天的数据分析，反查案件相关时间节点，我发现退查重报超期问题并不是个案，且部分涉案人员属于超期羁押。我今天要抓紧提示刑检部门的检察官核查个案，督促公安机关在期限内完成补充侦查工作并在法定期限内补查重报。根据这项核查，将系统中已有数据与政法协同平台数据进行碰撞，把设计退查重报超期法律监督模型的相关资料填写完善，下周去市院案管部门和数字办进行汇报。

下班前，再次登录检察业务应用系统，为一天的工作收个尾。充分运用流程监控系统 2.0、“数检通”、巡逻车等案卡核查软件，提升流程监控效率和数据核查覆盖面。灵活运用日常监控、专项监控、重点监控方式，以口头或者书面形式做好提醒、提示、监督，对之前监督的整改情况进行核查，对案卡填录、法律文书、办案期限、系统使用进行常态化提醒。日暮时分，我在工作日志上记录下今天的工作，并且将第二天需要做的工作罗列成计划。远眺窗外的夕阳，享受一天中最惬意的时刻。

案管人的工作烦琐且平凡，但承载着不可或缺的职责和使命，我也用青春和热血书写了责任与担当！日行跬步，以至千里。我将始终保持热忱，用自己的行动和实践、辛勤与汗水，用“高质效管好每一个案件”促进“高质效办好每一个案件”，助推检察工作高质量发展。

# 《检察业务管理指导与参考》征稿启事

《检察业务管理指导与参考》是由最高人民检察院案件管理办公室和中国检察出版社联合创办的指导性连续出版物，以“加强工作指导、促进理论研究、解决实际问题”为宗旨，坚持理论联系实际的原则，贯彻实用性、指导性和权威性的编写特色，为全国业务管理理论研究者和实务工作者提供交流平台，欢迎广大检察人员、高等院校和研究机构的专家学者以及各界人士投稿。

## 一、征稿内容和主要栏目

稿件内容为业务管理理论与实务问题研究，主要包括业务管理基础理论、检察改革背景下业务管理的职能定位，案件综合管理、流程管理、质量管理、统计信息管理、业务信息化管理等职能履行方面的理论与实务研究，检察业务应用系统的应用和完善情况、案件信息公开工作的经验及建议等。主要包括以下栏目，具体情况可以结合实际适时调整。

### （一）政策指导类栏目

高层声音：中央、最高人民检察院领导关于业务管理工作的重要讲话，最高人民检察院召开的有关业务管理工作会议精神。

领导论坛：最高人民检察院案件管理办公室领导、各省级院领导有关业务管理工作的讲话、调研报告、理论文章等。

理论前沿：司法体制改革背景下，政法部门业务管理总体职能定位、主要任务、发展趋势等方面的研究成果。

政策解读：专家学者或各级院案件管理部门负责人对涉及业务管理工作的法律法规、规章制度进行的深度解读。

### （二）业务研讨类栏目

业务研究：对案件综合管理、流程管理、质量管理、统计信息管理、业务信息化管理、人民监督员履职管理等各项职能进行深层次研究。

经验交流：各级检察机关案件管理部门结合实际，创新开展工作的经验做法。

典型案例：在案件受理审查、流程监控、质量评查、业务考评、业务分析研判、人民监督员履职等具体工作中形成的具有典型意义的案例或事例（附工作文书）。

### （三）专题类栏目

规章制度：最高人民检察院和省级院制定下发的有关业务管理工作的规定、决定、意见、通知等规范性文件。

专项解答：针对各地业务管理工作中出现的常见问题、突出问题的专项汇总解答。

分析研判：各地围绕检察工作重点，发挥业务管理职能作用，深入开展的业务分析研判。

### （四）其他栏目

案管风采：部分先进案件管理部门或者优秀案件管理人员的典型事迹材料。

检察文苑：与检察业务管理工作相关、可读性较强的纪实报告、小说、散文、诗歌、随笔等文学作品。

## 二、 投稿要求

1. 原创性。本书主要刊发原创的理论和实务文章。稿件如已在其他刊物发表过，投稿时请务必注明刊发的时间和刊物名称。

2. 时效性。要围绕正在开展的业务管理重点工作和亟须解决的问题组织稿件，对业务管理工作具有一定的指导和借鉴意义。

3. 内容适宜公开发表。本书向社会公开发行，请针对文章中的数据、事例等材料认真进行保密审查，防止出现不宜公开或泄密的事件。

4. 数据引用要准确。文章引用的数据要列明来源和出处，确保真实准确。

5. 署名和引注要规范。鼓励作者独立署名，也可刊发合作署名文章，但对 4 人（含 4 人）以上的署名文章一般不刊发或者作集体署名处理；文章的引注请严格依照“注释体例”的要求。

6. 作者信息要完整。应在稿件电子版内（文章结尾处，无须另附文档）直接注明作者详细联系方式，包括通信地址、邮政编码、联系电话、电子信箱等，并附作者简介。

7. 稿件形式要合规。理论研讨文章一般应当在 3000 字以上，稿件电子版（word 或 wps 格式）应以“附件”方式发送至投稿电子信箱。

## 三、 注释体例

注释采用脚注方式，每页不连续编号，以阿拉伯数字加圆圈标志。

### （一） 著作类引文注释

作者：书名，卷次，译者，出版社，出版年份，页码。

例如：

①张文显主编：《法理学》，法律出版社 2004 年版，第 38 页。

②史尚宽：《民法总论》，中国政法大学出版社 2000 年版，第 23 页。

③［德］黑格尔：《法哲学原理》，范扬、张企泰译，商务印书馆 1961 年版，第 91 页。

④ H. L. A. Hart, *The Concept of Law*, Oxford University Press, 1961, p. 6 –7.

## （二）文章引文注释

作者：文章名，本书作者，所载书刊名，卷次，出版社，出版年份，页码。

例如：

①俞荣根、刘霜：《立法助理制度述论》，载《法学杂志》2007 年第 2 期。

②周光权：《违法性意识与犯罪故意的关系》，载陈忠林主编：《全国中青年刑法学者专题研讨会文集·违法性认识》，北京大学出版社 2006 年版，第 28 页。

③李希慧等：《“轻轻重重”应成为一项长期的刑事政策》，载《检察日报》2005 年 5 月 26 日第 3 版。

④Julius Stone, “Roscoe Pound and Sociological Jurisprudence”, in 78 *Harvard Law Review* (1965), p. 1578.

## （三）数字和书名号的用法

1. 除引用原文外，文章中出现的数字（不含序数）均使用阿拉伯数字。

例如：

《中华人民共和国刑事诉讼法》第159条明确规定："对犯罪嫌疑人可能判处十年有期徒刑以上刑罚，依照本法第一百五十八条规定延长期限届满，仍不能侦查终结的，经省、自治区、直辖市人民检察院批准或者决定，可以再延长二个月。"这说明可能判处10年以上有期徒刑的犯罪嫌疑人被羁押的时间最长可达7个月。

2. 法律法规除全称需要书名号外，简称均不加书名号（加括号规定简称的除外）。

例如：

我国刑法中对被害人承诺没有明文规定，应当在立法中予以明确。

《最高人民法院案件审限管理规定》（以下简称《审限管理规定》）中明确规定："审判人员故意拖延办案，或者因过失延误办案，造成严重后果的，依照《人民法院审判纪律处分办法（试行）》第五十九条的规定予以处分。"

## 四、投稿联系方式

1. 投稿邮箱。邮件请注明"《检察业务管理指导与参考》投稿"及主题，检察内网发至 agb_ zdyck@ gj. pro，外网发至 agbzdyck @ 163. com。

2. 本刊编辑部地址。北京市东城区北河沿大街147号最高人民检察院案件管理办公室，邮编：100726。

3. 编辑部电话：010－65200308。

# 2025 年《检察业务管理指导与参考》征订单

《检察业务管理指导与参考》是由最高人民检察院案件管理办公室和中国检察出版社联合创办的指导性连续出版物，以“加强工作指导、促进理论研究、解决实际问题”为宗旨，坚持理论联系实际的原则，贯彻实用性、指导性和权威性的出版特色，为全国业务管理理论研究者和实务工作者提供交流平台。

2025 年《检察业务管理指导与参考》全年 6 辑，每辑定价 40 元，全年定价 240 元，面向全国公开发行。现 2025 年征订工作已经开始，欢迎各级人民检察院和相关部门订阅。各订阅单位可通过中国检察出版社官网（www. zgjccbs. com）进行网上订购，也可采用纸质订购方式，汇款后请填写订购回执单（见下页，复印有效）并传真至出版社。

中国检察出版社

2024 年 11 月

# 2025 年《检察业务管理指导与参考》订书回执单

| 订购单位名称 | | 经手人 | | |
|---|---|---|---|---|
| 地　址 | | 电话<br>（手机） | | |
| 单位统一信用代码 | | | | |
| 电子发票接收邮箱 | | | | |
| 书　名 | | 定价 | 订数 | 金额 |
| 2025 年《检察业务管理指导与参考》 | | 240.00 | | |
| 合计金额 | 万　　仟　　佰　　拾　　元整 | | | |
| 备注：款到三个工作日左右，发票发送至您的邮箱！ | | | | |

## 订购方式说明

**第一种：网站订购（www.zgjccbs.com）（不用发传真、款到开票）**

1. 网站下单，直接在线支付（微信、支付宝）
2. 网站下单，银行汇款需备注订单编号后 6 位数字

网站订购负责人张惠 010－86423745、18101137669　技术咨询 010－86423763

**第二种：微信订购（仅支持微信在线支付）**

1. 使用微信扫描右侧二维码可直接在线订购
2. 了解最新书讯请关注“中国检察出版社”微信公众号

**第三种：传真订购**

书款汇至出版社账号后，务必将订书回执单填写完整并传真至 010－68659465

**中国检察出版社账户信息**

户　名：中国检察出版社有限公司　　账　号：11050164860000000056

开户行：建设银行北京西山枫林支行　　行　号：105100050751

**中国检察出版社各省订购负责人：**

盛　丹 010－86423727　18101137660（微信同号）传真 010－68659465

（北京、天津、山西、陕西、河北、黑龙江、吉林、辽宁、内蒙古、青海、山东）

董艳芬 010－86423726　18101137661（微信同号）传真 010－68659465

（河南、浙江、江苏、安徽、上海、福建、甘肃、江西、新疆、西藏）

薛建娜 010－86423728　18101137662（微信同号）传真 010－68659465

（广东、广西、海南、重庆、四川、云南、贵州、湖北、湖南、宁夏）